电子口岸
疑难解惑400例

"关务通·电子口岸系列"编委会◎编著

中国海关出版社

图书在版编目（CIP）数据

电子口岸疑难解惑400例／"关务通·电子口岸系列"编委会编著．
—北京：中国海关出版社，2012.9
　（"关务通·电子口岸系列"丛书）
　ISBN　978-7-80165-910-1

　Ⅰ.①电…　Ⅱ.①关…　Ⅲ.①电子政务-应用-海关管理-口岸管理-中国　Ⅳ.①F752.5-39

中国版本图书馆CIP数据核字（2012）第221519号

电子口岸疑难解惑400例
DIANZI KOUAN YINANJIEHUO 400 LI

作　　者：	"关务通·电子口岸系列"编委会
总 策 划：	谭　宁
策划团队：	钟　刘　刘　倩　马　超　冯　楠
责任编辑：	刘　倩　冯　楠
责任监制：	王岫岩
出版发行：	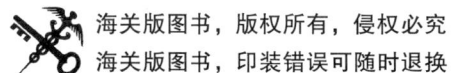出版社
社　　址：	北京市朝阳区东四环南路甲1号　　邮政编码：100023
网　　址：	www.hgcbs.com.cn；www.hgbookvip.com
编 辑 部：	01065194259（电话）　　　　01065194234（传真）
发 行 部：	01065194221/4238/4246（电话）　　01065194233（传真）
社办书店：	01065195616/5127（电话/传真）　　01065194262/63（邮购电话）
	北京市建国门内大街6号海关总署东配楼一层
印　　刷：	北京京都六环印刷厂　　　　　　经　销：新华书店
开　　本：	710mm×1000mm　1/16
印　　张：	12.5　　　　　　　　　　　　字　数：185千字
版　　次：	2012年11月第1版
印　　次：	2014年1月第3次印刷
书　　号：	ISBN　978-7-80165-910-1
定　　价：	38.00元

海关版图书，版权所有，侵权必究
海关版图书，印装错误可随时退换

"关务通·电子口岸系列"编委会

主　任　肖逢刚
副主任　刘晓平　韩　坚　康　川　张彦平　白建军
委　员　常世慧　王赞洲　杨文晖　沈　威　王　可
　　　　　　邢　巍　王明全　郑宇峰　梁　明

"关务通·电子口岸系列"统审组

成　员（按姓氏笔画排序）
　　　　王　雷　王政远　甘黎妍　龙　玄　李新云
　　　　沈维嘉　张　波　张润秋　周金萍　郭　宏
　　　　胡景利　董　云　傅元良　熊　涛　穆传利

"关务通·电子口岸系列"编写组

成　员（按姓氏笔画排序）
　　　　于春光　马　艳　王永来　王会君　王玲玲
　　　　毛　杰　冯　强　刘　兴　刘　珊　纪光辉
　　　　吕　斌　任姗姗　朱　彪　朱肖辉　杨　萌
　　　　苏恒通　吴春林　沈丽平　张云芳　张文杰
　　　　张留培　林丰强　欧廷如　金　毅　赵京波
　　　　姜绍真　徐　霖　翁蓓露　高　冰　高　静
　　　　彭　雯　舒盛辉　鲁　威　路镇宇　腾　静
　　　　戴胜敏

前　言

读者您好，欢迎走进中国电子口岸。阅读此书前，相信您早已听说或接触过电子口岸，但也许您对电子口岸的认识还带着一些模糊和疑问，我们将通过此书的答疑解惑呈现给您一个更加清晰与具体的认知。

电子口岸是经国务院批准，由海关总署会同14个部委共同建设的跨部门、跨地区、跨行业信息平台。它依托国家信息公共网络，将进出口管理流、资金流、货物流集中存放于一个数据库中，实现进出口相关管理部门间与大通关流程相关的数据共享和联网核查，并向进出口企业提供预录入、报关申报、网上支付、出口退税、信息查询等"一站式"服务的集口岸通关执法管理与相关物流商务服务于一体的大通关统一信息平台。截至"十一五"末，中国电子口岸平台已实现与13个国家主要口岸管理部门、15家商业银行，以及香港工贸署、澳门经济局和欧盟委员会税收与关税联盟总司的联网，开发联网应用项目23个，累计入网企业66.4万余家，日均处理单证130多万笔，基本实现了大通关关键环节的联网核查和网上办事。

中国电子口岸数据中心每年会接听60余万个热线咨询电话，主要集中在业务咨询、业务操作、异常问题处理等方面。由此可见，企业迫切需要一套电子口岸方面的教材，以指导其开展日常的进出口业务。为了让广大电子口岸用户更全面、更正确地了解电子口岸，中国电子口岸数据中心特组织编写了"关务通·电子口岸系列"丛书，其作为电子口岸唯一指定的正版官方图书，极具实用性和可读性，相信一定会让读者受益匪浅。

随着电子口岸上线项目和入网企业日益增多，各类用户在系统应用中的问题也逐步增加。如何更快速准确地办理电子口岸入网手续，如何更清晰地掌握各系统的操作规程，如何更好地利用电子口岸平台办理各类业务,如何自主地解决系统使用过程中遇到的一些异常情况,已成为企业急需了解的课题。

为进一步服务广大企业,减少电子口岸应用过程中可能遇到的疑难杂症,帮助企业更加高效地使用电子口岸系统,我们特征集全国各地电子口岸用户在系统使用过程中累积出现过的疑难问题,并紧密结合电子口岸客服热线中咨询率较高的经典问题予以汇总、分类,精选出400例,撰成此书,以供参考。

本书具有较高的权威性和实用性,书中所举问题涵盖了电子口岸相关概念解析、电子口岸入网审批、身份认证设备使用、各类系统操作实例、系统相关业务知识等各个方面。全书在简述电子口岸的概况和产生背景的基础上,重点选取了用户办理电子口岸入网时会出现的各类问题以解决企业在应用前期的相关疑问,再切入到用户在业务办理过程中会使用到的电子口岸各类系统,以五大章二十五节的清晰脉络呈现给用户,方便各类企业对号入座、有针对性地查找相关问题及解答。

本书作为"关务通·电子口岸系列"从书中的一本,建议与《电子口岸实用功能》、《电子口岸实务操作与技巧——通关篇》、《电子口岸实务操作与技巧——加贸篇》配套使用,不仅可以帮助企业全面了解电子口岸的情况,准确操作电子口岸相关业务系统,解决实际难题,而且可供电子口岸工作人员及高校相关专业学生参考。

相信本书能为电子口岸用户日常作业带来实际、具体的辅助作用。由于时间仓促,书中难免存在错漏之处,希望读者提出宝贵意见和建议,联系邮箱:guanwutong@ mail. customs. gov. cn。

编 者

目 录

第一章 电子口岸入网常见问题 ··· 1
第一节 用户办理入网问题 ··· 1
一、新用户办理入网问题 ··· 1
二、信息变更相关问题 ··· 6
第二节 IC 卡与读卡器问题 ··· 7
一、电子口岸企业 IC 卡 ··· 7
二、更多 IC 卡类别 ··· 10
三、报关员 IC 卡 ··· 12
四、电子口岸读卡器 ··· 13
第三节 计算机配置和客户端安装 ··· 28
一、硬件配置要求 ··· 28
二、客户端安装问题 ··· 28
第四节 身份验证常见问题 ··· 30
一、输入密码时异常提示 ··· 30
二、设备识别时异常提示 ··· 34
第五节 用户登录错误提示集锦 ··· 36
一、网页错误提示 ··· 36
二、预录入系统登录错误提示 ··· 38
第六节 QP 产品激活管理 ··· 40
一、QP 系统激活问题 ··· 40
二、激活时报错情况处理 ··· 41

第二章 联网核查系统常见问题 ... 42

第一节 出口收汇 ... 42
系统操作常见问题 ... 43

第二节 出口收结汇 ... 43
一、出口收结汇常用知识解析 ... 44
二、系统操作常见问题 ... 45

第三节 出口退税 ... 46
一、出口退税常用知识解析 ... 46
二、系统操作基本常识 ... 46
三、系统操作异常情况处理 ... 47

第四节 进口付汇 ... 48
一、系统操作基本常识 ... 49
二、系统操作异常情况处理 ... 49

第五节 进口增值税 ... 50
一、进口增值税常用知识解析 ... 50
二、系统操作常见问题 ... 51
三、异常状态及报错处理 ... 52

第六节 网上支付 ... 53
一、网上支付常用知识解析 ... 53
二、系统操作基本常识 ... 54
三、状态异常、错误提示集锦 ... 57

第三章 通关项目常见问题 ... 60

第一节 报关申报（报关单、转关单） ... 60
一、报关相关业务常用知识解析 ... 61
二、系统操作申报环节常见问题 ... 61
三、数据调用、回执异常情况处理 ... 63
四、删改单操作涉及问题 ... 64
五、退单的错误提示代码集锦 ... 64

第二节 快件管理 ... 69

一、快件业务常用知识解析 ·············· 70
　　二、系统安装及授权相关问题 ············ 70
　　三、系统操作常见问题 ················ 71
　　四、错误提示代码集锦 ················ 72
　第三节　新舱单系统及运输工具动态管理系统 ······ 73
　　一、舱单相关业务常用知识解析 ··········· 73
　　二、新舱单系统使用申请及授权相关问题 ······ 74
　　三、系统操作常见问题 ················ 75
　　四、状态异常、错误提示集锦 ············ 77
　第四节　减免税管理 ················· 77
　　一、减免税业务常用知识解析 ············ 78
　　二、系统操作常见问题 ················ 78
　　三、状态异常、错误提示集锦 ············ 82
　第五节　公自用物品系统 ··············· 84
　第六节　新企管系统 ················· 85

第四章　加工贸易项目常见问题 ·············· 87
　第一节　电子账册 ·················· 87
　　一、电子账册业务常用知识解析 ··········· 88
　　二、系统操作常见问题 ················ 89
　　三、数据变更相关问题 ················ 91
　　四、状态异常、错误提示集锦 ············ 91
　第二节　电子手册 ·················· 95
　　一、备案相关问题 ·················· 95
　　二、系统操作常见问题 ················ 96
　　三、状态异常、错误提示集锦 ············ 97
　第三节　无纸化手册 ················· 98
　　一、系统操作常见问题 ················ 99
　　二、数据变更相关问题 ··············· 111
　　三、状态异常、错误提示集锦 ··········· 112

第四节　内销征税管理 ································· 114
　　一、内销征税业务常见问题 ······················· 114
　　二、系统操作常见问题 ··························· 115
　　三、错误提示集锦 ······························· 117
第五节　深加工结转 ··································· 118
　　一、深加工结转业务常见问题 ····················· 119
　　二、系统相关表格表体及编号规则 ················· 120
　　三、系统录入、申报相关问题 ····················· 121
　　四、错误提示集锦 ······························· 124

第五章　区域项目用户常见问题 ························· 126

第一节　保税监管平台 ································· 126
　　一、保税监管业务常用知识解析 ··················· 126
　　二、仓库基本信息备案及操作员备案 ··············· 127
　　三、清单报关单填写规范及保税仓备案 ············· 128
　　四、系统操作常见问题 ··························· 131
　　五、状态异常处理及错误提示代码 ················· 133
第二节　公路口岸 ····································· 137
　　一、公路口岸业务常用知识解析 ··················· 137
　　二、系统版本与登录问题 ························· 138
　　三、异地企业使用系统问题 ······················· 139
　　四、数据录入与申报问题 ························· 140
　　五、承运相关问题 ······························· 143
　　六、错误提示代码集锦 ··························· 144

附　录　中国电子口岸数据中心各分中心客服热线 ········ 150

问题索引 ·· 152

第一章　电子口岸入网常见问题

也许您是一家新企业，还不知道如何成为我们电子口岸的用户；也许您刚办理完入网，但是在使用初期遇到了一些疑难问题；也许您已是电子口岸的老用户，但是发生了需要变更、延期等后续情况……那么请您静下心来了解一下本章所介绍的入门知识。

电子口岸应用项目从大类上可分为电子口岸执法系统和预录入申报系统，每个系统下又有很多子系统。无论用户使用哪个系统，首先均须取得电子口岸入网资格，经过资质审批办理身份证明——IC卡或IKEY后，方可获得享受电子口岸服务的"许可证"。那么如何办理入网手续？这张"许可证"允许享受的服务范围是什么？这张"许可证"的有效期是多久？用"许可证"却无法正常登录网页或客户端系统时该怎么办？也许您迫切地想知道如何解决诸如此类的问题，下面我们将为您一一解答。

第一节　用户办理入网问题

一、新用户办理入网问题

例1. 我是一家新企业，想办理电子口岸入网，可以找谁咨询？

答：您可以到所在地的数据分中心制卡窗口咨询。分中心及制卡点联系电话，您可登录中国电子口岸网站 http://www.chinaport.gov.cn（如图1-1所示）查询，或直接拨打中国电子口岸数据中心（以下简称数据中心）客服热线010-95198咨询。

图1-1 中国电子口岸网站

例2. 我该如何办理中国电子口岸的入网手续？

答：（1）企业提出入网申请：请您登录中国电子口岸网站http://www.chinaport.gov.cn下载或到所在地的数据分中心制卡窗口领取中国电子口岸企业情况登记表和中国电子口岸企业IC卡登记表，如实填写后由企业法人签字并加盖公章。其中，中国电子口岸企业IC卡登记表须填写企业法人卡持卡人信息及企业操作员卡持卡人信息，申请企业法人卡只需要填写"法人卡持卡人基本信息"栏，申请企业操作员卡需要填写"操作员卡持卡人基本信息"栏及其下面内容。企业如果需要申请多张操作员卡，则须给操作员每人填写一份。

（2）企业信息备案：请您到所在地的数据分中心制卡窗口进行企业信息备案工作。各类企业进行备案须携带的文件（正本或副本的原件及其复印件）有所不同。一般要求带齐以下证件及中国电子口岸企业情况登记表和中国电子口岸企业IC卡登记表：

①中华人民共和国组织机构代码证；

②企业法人营业执照；

③税务登记证或外商投资企业税务登记证；

④中华人民共和国海关进出口收发货人报关注册登记证书；

⑤对外贸易经营者备案登记表或中华人民共和国外商投资企业批准证书。

数据分中心制卡窗口根据您所提供的上述材料开展企业信息备案工作，并生成中国电子口岸企业入网资格审查记录表，由企业交到技术监督局、工商局、税务局审批。

（3）入网资格审批：请您持中国电子口岸企业入网资格审查记录表，并分别携带中华人民共和国组织机构代码证、企业法人营业执照或企业营业执照、税务登记证或外商投资企业税务登记证到所在地技术监督局、工商局、税务部门进行企业入网资格审批。

（4）制作电子口岸IC卡：请您持经所在地技术监督局、工商局、税务局审批的中国电子口岸企业入网资格审查记录表到所在地的数据分中心制卡窗口制作电子口岸IC卡。

（5）业务权限审批：进出口企业、外贸中介服务企业开展海关业务之前必须由海关部门进行相关应用权限审批工作。此外，如需要办理外汇、外贸等相关业务，也必须分别到上述业务部门进行审批。

小贴士 您须携带相应证件及文件，如中华人民共和国海关进出口收发货人报关注册登记证书、对外贸易经营者备案登记表或中华人民共和国外商投资企业批准证书、中国电子口岸企业入网资格审查记录表、外汇核销资格证明等，到所在地海关、外经贸、外汇部门进行审批。

（6）企业领取IC卡等软硬件设备：企业领卡人持单位介绍信、本人身份证明到所在地的数据分中心制卡窗口，缴纳IC卡、读卡器、客户端软件的成本费用后，领取上述软硬件设备。

（7）安全技术接入通道注册：企业登录中国电子口岸网站办理业务之前，还须进行安全技术接入通道注册——在中国电子口岸网站完成新系统注册。

 小贴士 各地具体操作有所不同，请您提前致电当地数据分中心制卡窗口具体咨询后办理。

例3. 不同类型企业在入网审批备案时所须携带的证件有何区别？

答：（1）进出口企业、外贸中介服务企业须携带：
①企业法人营业执照或企业营业执照；
②税务登记证或外商投资企业税务登记证；
③中华人民共和国组织机构代码证，包括电子副本IC卡；
④报关单位登记注册证明，如果企业有报关员，须带报关员证；
⑤企业负责人签字并加盖公章的中国电子口岸企业情况登记表和中国电子口岸企业IC卡登记表；
⑥企业如需要办理外经贸或外汇管理等部门业务，还须分别提供中华人民共和国进出口企业资格证书或中华人民共和国外商投资企业批准证书或对外贸易经营者备案登记表、外汇核销资格证明等文件资料。

（2）加工贸易企业、外贸货主单位须携带：
①企业法人营业执照或企业营业执照；
②税务登记证或外商投资企业税务登记证；
③中华人民共和国组织机构代码证，包括电子副本IC卡；
④企业负责人签字并加盖公章的中国电子口岸企业情况登记表和中国

电子口岸企业IC卡登记表；

⑤企业如需要办理海关、外经贸或外汇管理等部门业务，还须分别提供报关单位登记注册证明（如果企业有报关员，须带报关员证）、中华人民共和国进出口企业资格证书或中华人民共和国外商投资企业批准证书或对外贸易经营者备案登记表、外汇核销资格证明等文件资料。

例4. 我是一家新入网企业，已经向审批部门申报我公司信息，但审批部门查询不到相关信息，从而无法审批，怎么办？（比如：企业录完工商端信息申报后，工商局审核时看不到信息，如图1－2所示）

答：这主要是因为企业申报的工商局并不是主管本企业的工商局。请您联系申报错误的工商局退单，然后您在修改单据后重新申报，或者致电数据中心客服热线010－95198并发送传真说明情况，由技术支持人员帮助修改为正确的工商局。

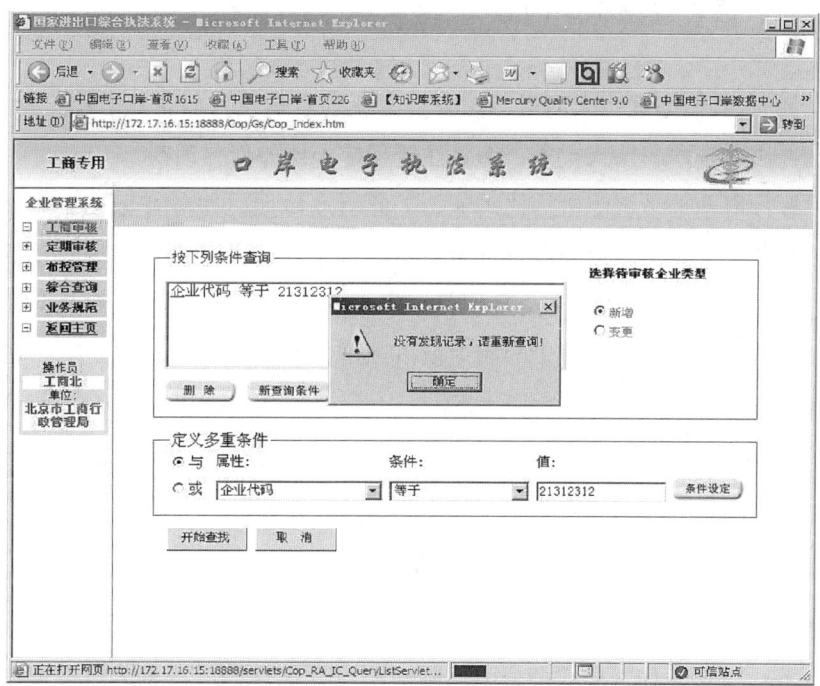

图1－2　报错截图

例 5. 我公司的税务证只有地税证，没有国税证，该如何办理电子口岸卡？

答：请您直接到当地数据分中心制卡窗口让预录入人员把信息录入到国税栏目里面，不需要去国税局盖章，到制卡中心来办理制卡就可以了。

例 6. 电子口岸业务权限审批是如何进行的？

答：请您本人或委托当地数据分中心用企业法人卡登录中国电子口岸身份认证系统，使用"数据备案"功能向相关业务部门进行企业和 IC 卡等信息的备案，并分别携带报关单位登记注册证明、中华人民共和国进出口企业资格证书或中华人民共和国外商投资企业批准证书或对外贸易经营者备案登记表、外汇核销资格证明等文件到所在地海关、外贸部门、外汇部门进行相关业务部门的审批工作。

二、信息变更相关问题

例 7. 我们办理完入网后，想变更企业基本信息，如企业名称、性质、地址、注册资本、法人代表、海关注册号等，该如何办理？

答：请您携带组织机构代码证、工商营业执照、税务登记证、对外贸易经营者备案登记表或外商投资企业批准证书、海关进出口货物收发货人报关注册登记证书的原件及复印件，以及法人卡、操作员卡和单位介绍信，前往所在地的数据分中心制卡窗口进行数据变更。

 小贴士 │ 若法人代表变更还需提交法人身份证件的原件及复印件。

例 8. 我公司原来在青岛地区办理入网，现在由于企业迁址，需要在上海办理入网，该怎么办？

答：请您先到青岛数据分中心制卡窗口办理注销，再到上海数据分中心制卡窗口办理入网手续。

例9. 我公司更改了新的海关编码，但用旧的海关编码办理的业务还没有完成，同时还需要用新的海关编码办理业务，该如何处理？

答：（1）您用旧的海关编码办理业务时，可以持单位介绍信（介绍信注明新旧海关编码）和 IC 卡到所在地的数据分中心制卡窗口，将海关编码变更成原来的旧号，去主管海关和外汇局审批企业备案。

（2）您也可到所在地的数据分中心制卡窗口申请双号并行，在备案海关编码时需要将两个海关编码以"&"号加以连接。

第二节　IC 卡与读卡器问题

一、电子口岸企业 IC 卡

电子口岸企业 IC 卡（以下简称企业 IC 卡）是指使用中国电子口岸的企业及其人员，通过备案申请取得的存储有用户信息的智能卡。企业 IC 卡是企业在网上使用的身份证和印章，其内部存有企业用户的密钥和证书，可进行身份认证及数字签名，是企业办理网上业务时明确法律责任、保护企业合法权益的重要用具，企业必须妥善保存和管理。

企业 IC 卡又可分为企业法人卡和企业操作员卡（以下分别简称为法人卡和操作员卡）。

例10. 一张企业 IC 卡/IKEY（U 盘式 IC 卡）的有效期是多长时间？到期后该怎么办？

答：一张企业 IC 卡/IKEY 的有效期为 2 年。到期后企业须持 IC 卡到当地数据分中心制卡窗口办理延期。

> 💬 **小贴士**　有些制卡窗口还需携带相关证件，请致电当地数据分中心制卡窗口具体咨询后办理。

例 11. 我公司的企业 IC 卡遗失了，该如何办理挂失手续？

答：如果您的企业 IC 卡发生遗失，应及时挂失。挂失企业法人卡须携带单位介绍信（介绍信上请注明本企业组织机构代码）到数据分中心制卡窗口提出申请，由制卡人员办理挂失手续。挂失企业操作员卡可由法人持法人卡登录中国电子口岸执法系统，直接进行挂失处理，办理操作员卡挂失界面如图 1-3 所示。

小贴士 | 挂失后补卡须到当地数据分中心制卡窗口办理。

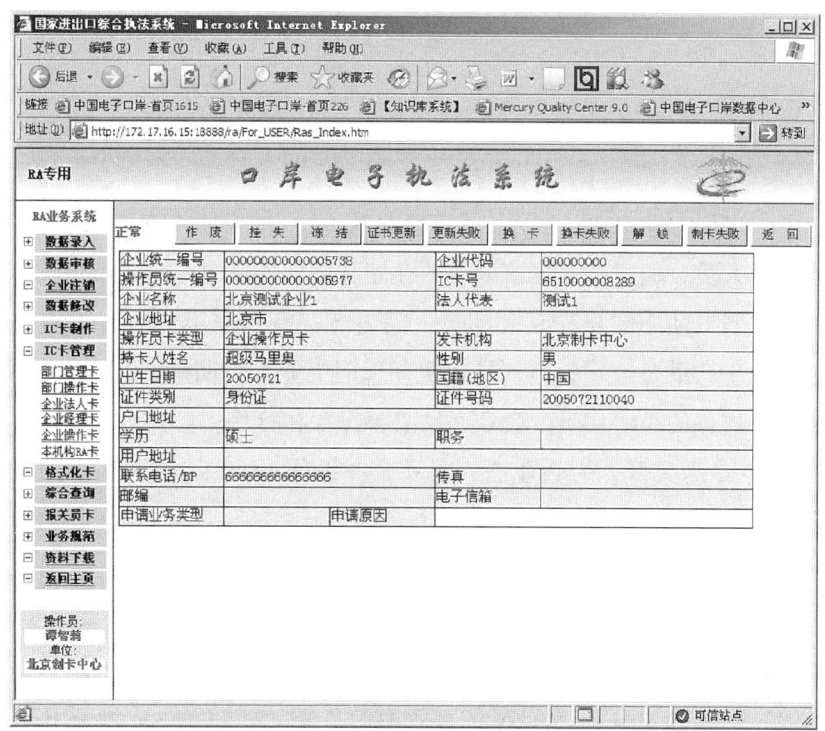

图 1-3 办理操作员卡挂失界面

例 12. 我想冻结操作员卡该如何进行处理？

答：若要对暂时离开工作岗位的操作员所持的操作员卡进行冻结处理，您可以持法人卡登录中国电子口岸执法系统直接操作，也可以到当地

第一章 电子口岸入网常见问题

数据分中心制卡窗口办理。

例13. 我想要注销企业 IC 卡,该如何操作?

答:(1)如果您想要注销企业信息和法人卡,请携带相关证明材料和法人卡到制卡窗口办理注销;也可以等到有效期过后自动作废。

💬 **小贴士** 相关证明材料一般包括组织机构代码证注销证明、工商营业执照注销证明、国税登记证注销证明、对外贸易经营者备案登记表注销证明或外商投资企业批准证书注销证明、海关进出口货物收发货人报关注册登记证书注销证明和介绍信。具体情况各地也会有所不同,请您致电当地数据分中心制卡窗口咨询后办理。

(2)对已离开工作岗位的操作员未交回的操作员卡须及时进行注销处理。您可用法人卡进入制卡发卡子系统,把操作员信息作废就可以了。具体如下:用法人卡进入电子口岸执法系统,依次点击"制卡发卡"→"IC 卡管理"→"操作员卡"→"作废"。办理操作员卡注销界面如图 1-4 所示。

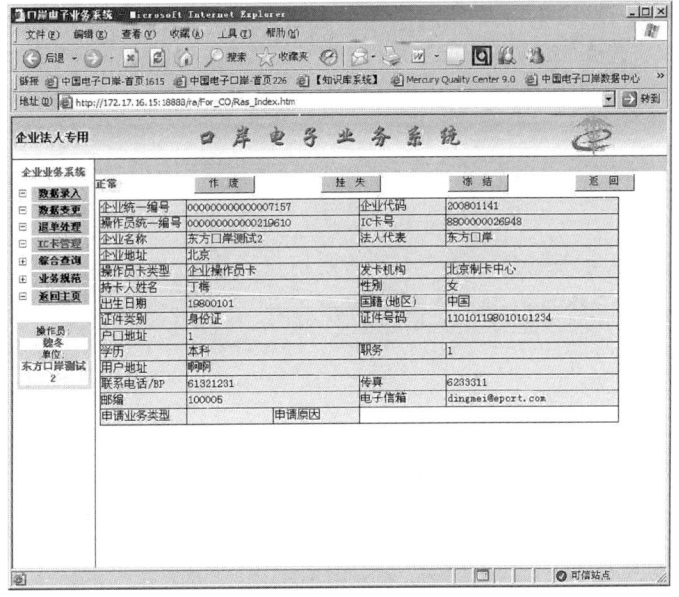

图 1-4 办理操作员卡注销界面

例 14. 我的企业 IC 卡被锁了，该怎么办？

答：请您持单位介绍信及被锁的企业 IC 卡到当地数据分中心制卡窗口办理解锁，解锁后的企业 IC 卡初始密码恢复为 8 个 8。

 小贴士 具体携带资料可能因各地规定有所不同，请您提前致电当地数据分中心制卡窗口咨询。

例 15. 我公司已在电子口岸执法系统中变更了单位名称，但是用操作员卡进入系统后，左边仍显示旧的企业名称，该怎么办？

答：系统显示的操作员姓名、企业名称是从企业 IC 卡中读取出来的，此现象是您在变更单位名称时未同步更新操作员卡内的企业名称信息造成的。您可以持单位介绍信及所有操作员卡到当地数据分中心制卡窗口更新数字证书。

例 16. 一个企业可以有几张法人卡？可以有多张操作员卡吗？

答：一个企业只能有一张法人卡，但可以有多张操作员卡。

例 17. 企业 IC 卡条形码磨损并且已经过期，如何查询卡号？

答：您可致电数据中心客服热线 010 - 95198，提供企业身份证明申请查询。

例 18. 制作企业 IC 卡时，出现如图 1 - 5 所示的错误代码" - 22411，此 IC 卡用户已存在"怎么办？（不涉及用户操作）

答：出现该信息提示，是因为此企业 IC 卡卡号已经被使用了，请换张新卡进行制卡。

二、更多 IC 卡类别

例 19. 各类 IC 卡的使用对象及相关权限分别是什么？

答：（1）企业法人卡：是企业法人使用的卡。使用企业法人卡，可以

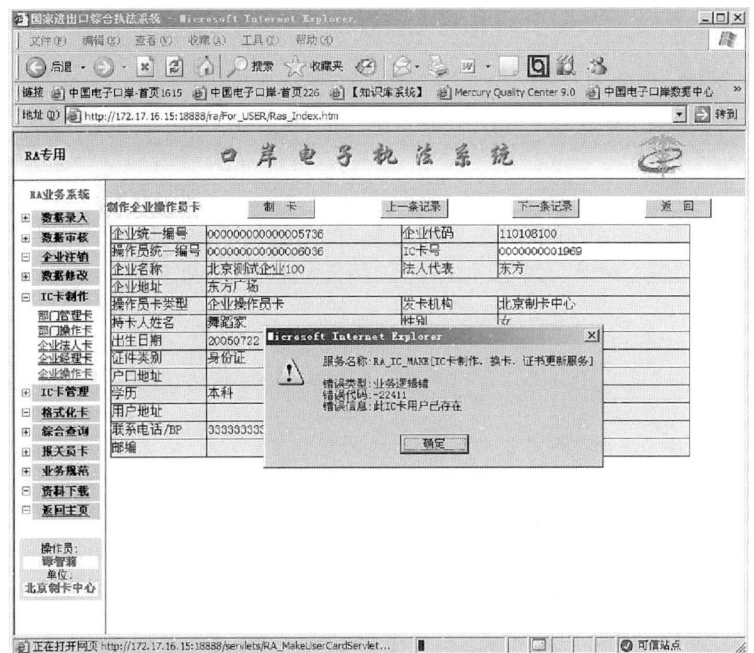

图 1-5 制卡错误代码提示

申请并管理本企业的操作员卡。

（2）企业操作员卡：是企业操作员使用的卡。使用企业操作员卡，可以进入被授权的业务系统进行相应的业务操作。

（3）部门管理员卡：是银行、海关、税务等电子口岸联网部门管理员使用的卡。使用部门管理员卡，可以注册并管理本部门操作员卡和下级部门管理员卡。

（4）部门操作员卡：是银行、海关、税务等电子口岸联网部门操作员使用的卡。使用部门操作员卡，可以进入被授权的业务系统进行相应的业务操作。

例 20. 我们是一家银行，该如何办理管理员卡和操作员卡？

答：（1）如果您是从未注册过的银行，须先与数据中心联系，按要求在电子口岸系统中添加此银行的 12 位国际收支代码（部门内部编码），进行部门注册，再由数据中心将银行的管理员信息添加到 RA 系统中。然后，您可拨打当地数据分中心制卡窗口电话进行查询，确认系统中已存在管理员信息。最后，请持所填的 IC 卡登记表和介绍信到当地数据分中心制卡窗口办理 IC 卡。

（2）如果是分行或支行办理电子口岸 IC 卡，可由上级管理员卡进行部门注册（若没有下级行的部门编码需先与数据中心联系），并在该系统中审批通过，然后录入管理员信息，添加权限并审批通过，最后再持上级管理员卡、介绍信和 IC 卡登记表到当地数据分中心制卡窗口办理 IC 卡。

小贴士 银行上一级部门管理员卡制下一级部门管理员卡，同一级部门管理员卡制同一级部门操作卡。分行的上级管理员卡是总行，支行的上级管理员卡是分行。

例 21. 我们是一家银行，想变更管理员卡和操作员卡，该如何办理？

答：请您携带上级管理员卡、操作员卡、中国电子口岸 IC 卡登记表、单位介绍信去当地数据分中心制卡窗口办理变更手续。

三、报关员 IC 卡

例 22. 报关员 IC 卡的办理流程是怎样的？

答：请您按以下流程办理：

（1）携带报关员注册申请书、报关员资格证书、劳动合同、企业海关注册证书及报关员身份证和照片到注册地海关企管部门办理报关员注册申请书的初审；

（2）携带通过初审的报关员注册申请书到预录入机构办理报关员注册登记数据的录入和申报，并打印报关员制卡凭证；

（3）携带初审时的证件再次到注册地海关企管部门办理报关员注册申请书的复审；

（4）携带报关员证、报关员制卡凭证及报关员身份证和照片到当地数据分中心办理报关员 IC 卡的印卡、制卡和发卡工作。

例 23. 报关员 IC 卡损坏（换卡）或遗失（补卡）应如何处理？

答：（1）报关员 IC 卡损坏：报关员持介绍信（将组织机构代码、报关员姓名、报关员编号写在单位介绍信上）、法人卡、坏的报关员 IC 卡，到当地数据分中心制卡窗口办理换卡业务。

（2）报关员 IC 卡遗失：补办报关员 IC 卡只需提供单位介绍信（介绍信须含有组织机构代码、报关员姓名、报关员编号等信息），到当地数据分中心制卡窗口办理挂失手续。

例 24. 如何利用企业法人卡和报关员 IC 卡查询报关员信息？

答：您使用企业法人卡登录中国电子口岸执法系统的身份认证管理子系统，便可查询本企业所有报关员的基本信息（包括报关员照片、姓名、企业名称、企业注册号、注册海关、报关员号条码）和记分情况；使用报关员 IC 卡登录中国电子口岸执法系统的报关记分子系统，便可以查询此报关员的基本信息和记分情况。

四、电子口岸读卡器

例 25. 电子口岸各型号读卡器指示灯如何显示？

答：（1）EP600 读卡器：未插卡→红灯；插卡→绿灯；登录操作时→红绿灯交替闪烁。

（2）EP801 读卡器：未插卡→红灯；插卡→红灯保持不灭，内部又点亮一盏绿灯，呈琥珀色；登录操作时→闪烁。

（3）EP800 读卡器：未插卡→红灯；插卡→仍然是红灯；登录操作时→闪烁。

（4）EP900 读卡器：初次连接电脑（读卡器 USB 接口插在电脑上）→桔黄色；未插卡→红灯；插卡→绿灯；登录操作时→红绿灯交替闪烁。

例 26. EP600 读卡器驱动程序的安装方法是什么？

答：（1）如果您是使用 Windows 2000 或 Windows XP 操作系统的用户，请按照如下安装步骤处理：

①请使用具有管理员权限的用户登录系统；

②进入光盘"电子口岸读卡器驱动程序"目录下的"Win2000、XP"目录，运行"自动安装.exe"，即可完成驱动程序的安装；

③部分 Windows 2000 或 Windows XP 系统自动安装可能会失败，此时需要手动安装驱动程序，步骤如下：

A. 把读卡器插入 USB 端口，系统的即插即用管理将启动，并且会询问新硬件的驱动文件位置；

B. 将位置指向驱动文件所在的子目录，即光盘上"电子口岸读卡器驱动程序"目录下的"Win2000、XP"，打开其中的"手动安装"目录，选择"pcsc_0.inf"文件，Windows 系统将继续完成设备的安装，读卡器驱动程序安装完成。

（2）如果您是使用 Windows 98 操作系统的用户，请按照如下安装步骤处理：

①进入光盘"电子口岸读卡器驱动程序"目录下的 Win98 目录，运行 scbase.exe；

②运行 smclib.exe；

小贴士 以上两个步骤中，在安装结束后请选择"不要重启动系统"。

③把读卡器插入 USB 端口，系统的即插即用管理程序将启动，并且会询问新硬件的驱动文件位置；

④将位置指向驱动文件所在的目录，即光盘上"电子口岸读卡器驱动程序"目录下的"Win98"目录，选择"psdcr_0.inf"文件，完成设备的安装；

⑤安装完成后，在不拔出读卡器的情况下重新启动系统；

⑥重新启动后，系统将完成剩余的安装；

⑦安装完成后，再次重新启动系统，读卡器驱动程序安装完成。

例 27. 我安装完 EP-600 读卡器驱动后如何检查安装成功与否？

答：请您用鼠标右键单击"我的电脑"，选择"管理"，进入"设备管理器"，然后查看"智能卡阅读器"选项下是否有"PC/SC Smart Card

第一章
电子口岸入网常见问题

Reader 选项",如图 1-6 至图 1-8 所示。

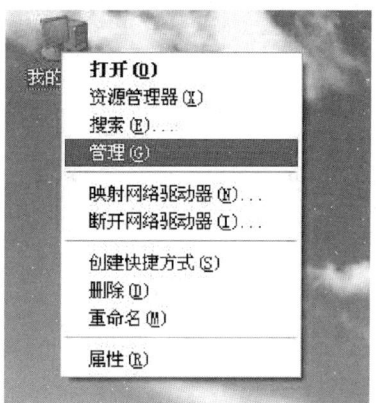

图 1-6

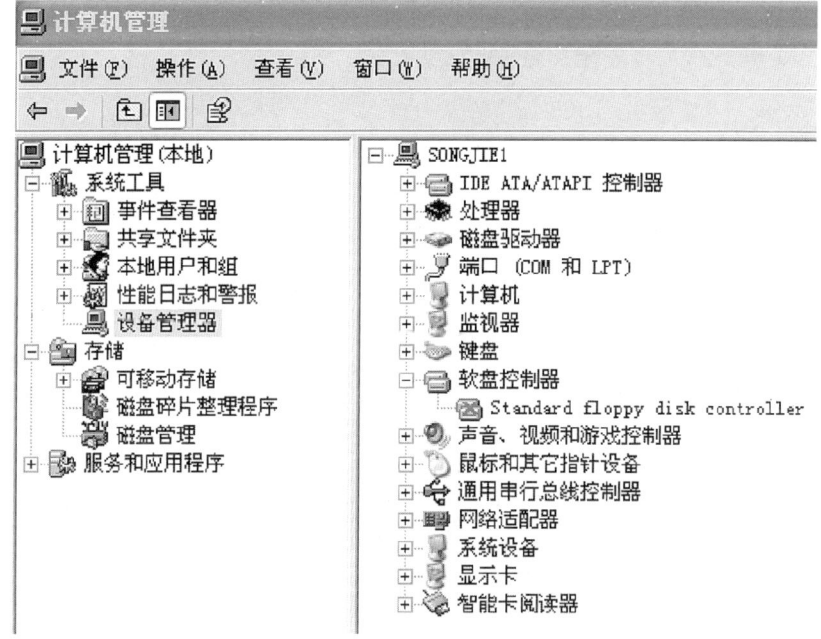

图 1-7

如果 PC/SC Smart Card Reader 显示不正常,有黄色叹号出现,请您卸载原来安装的 EP600 读卡器驱动(卸载后一定要重启电脑),然后重新安装 EP600 读卡器驱动;如果 PC/SC Smart Card Reader 显示正常,请您检查 Smart Card 状态是否为"已启动,自动"(Smart Card 服务检查方法详见例 28)。

— 15 —

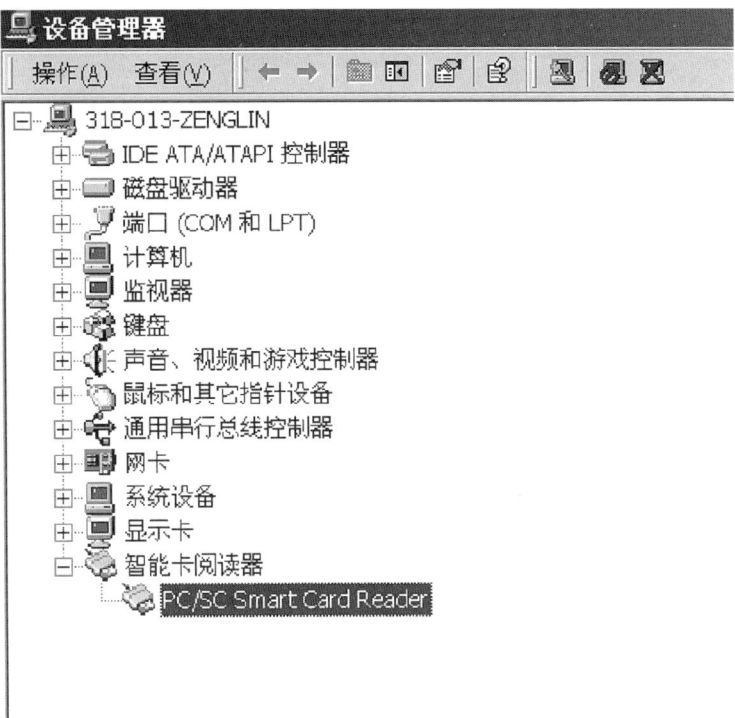

图 1－8

例 28. 如何检查 Smart Card 服务？

答：请您用鼠标右键点击桌面上"我的电脑"图标，点击"管理"，打开"计算机管理"，如图 1－9 至图 1－10 所示。

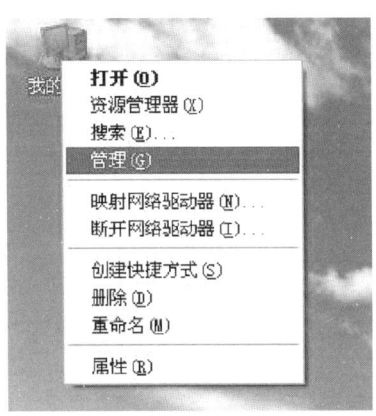

图 1－9

图 1-10

然后在"服务和应用程序"里点击"服务",可以看到当前系统所有的服务及其状态,找到"Smart Card"("智能卡"),如图 1-11 所示:

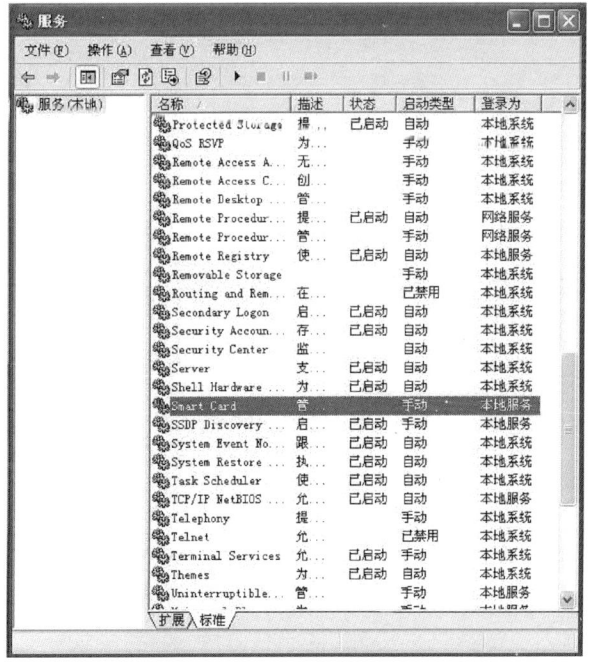

图 1-11

双击打开"服务"的属性，点击"启动"并将启动类型设为"自动"即可。如图 1-12 所示：

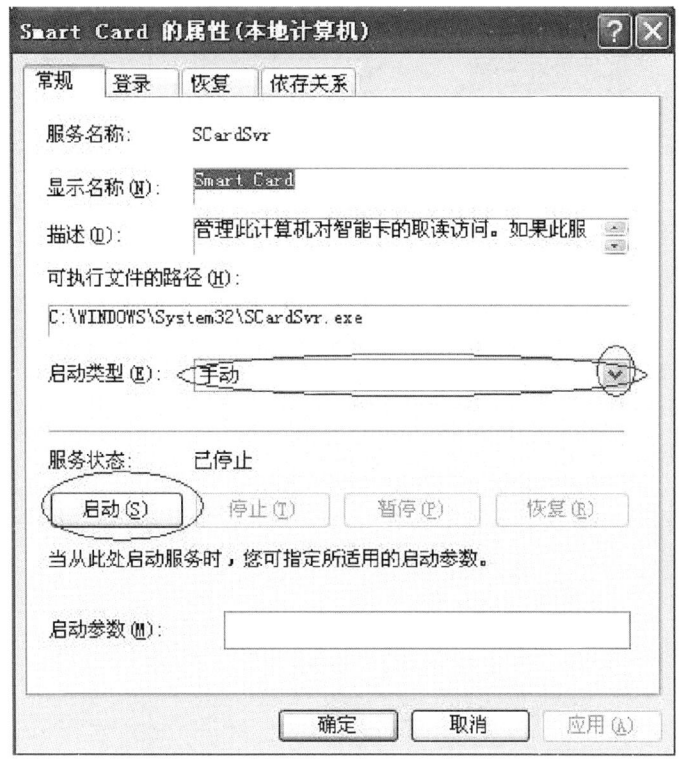

图 1-12

如果您电脑系统中没有"Smart Card"或"智能卡"的服务，建议您重新安装电脑操作系统或换台电脑再进行操作。此外，您还可以自行重置"Smart Card"服务。

小贴士 重置 Smart Card 服务的方法为：在"开始"里点击"运行"，然后依次输入"scardsve reinstall"和"regsvr32 scardssp.dll"命令重装服务，如图 1-13 至图 1-14 所示。另外，要注意智能卡登录用户名配置是否正确，如图 1-15 所示。

第一章
电子口岸入网常见问题

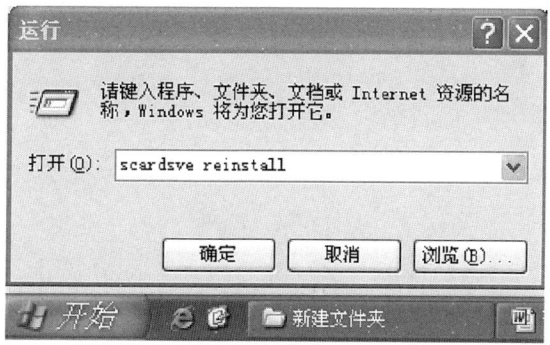

图 1-13

图 1-14

图 1-15

例29. 我们在安装 EP600 完毕后，需要卸载 EP600 驱动 pcse_0，但是无法卸载，该怎么办？

答：您需要进行手动卸载，处理方法如下：

（1）请点击电脑左下角"开始"，选择"设置"，打开"控制面板"中的"添加/删除程序"，打开其中的"pcse_0"；

（2）在卸载/修复界面（modify/repair/remove）选择卸载（remove）；

（3）卸载完成后再次查看"添加/删除程序"，如果其中还有 pcse_0，请在卸载/修复界面选择修复(repair)，然后再次卸载(remove)，直至完全卸载。

例30. 如果把 EP801 驱动安装完成后，读卡器设备管理器里面有 USB Token Holder，但没有 USB Token Device，显示为带有黄色叹号的 Smart Card，该怎么办？

答：解决方法如下：请您用鼠标右键点击"Smart Card"，选择"更新驱动程序"，如图1-16所示。

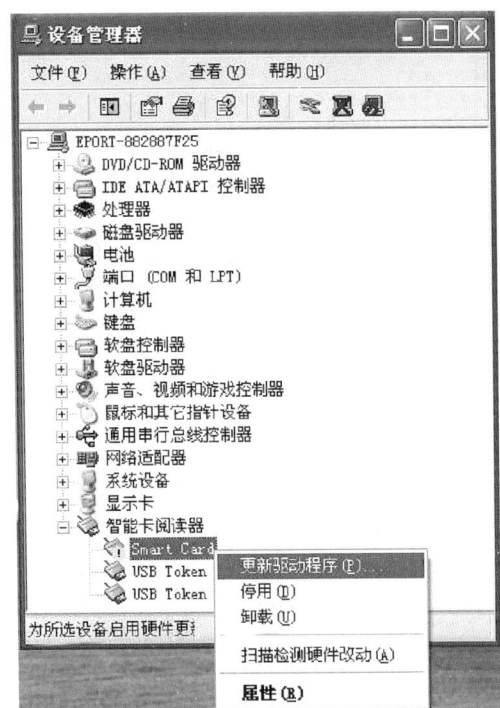

图 1-16

这时系统会弹出"硬件更新向导"对话框,选择"否,暂时不(T)",点击"下一步(N)",如图 1-17 所示。

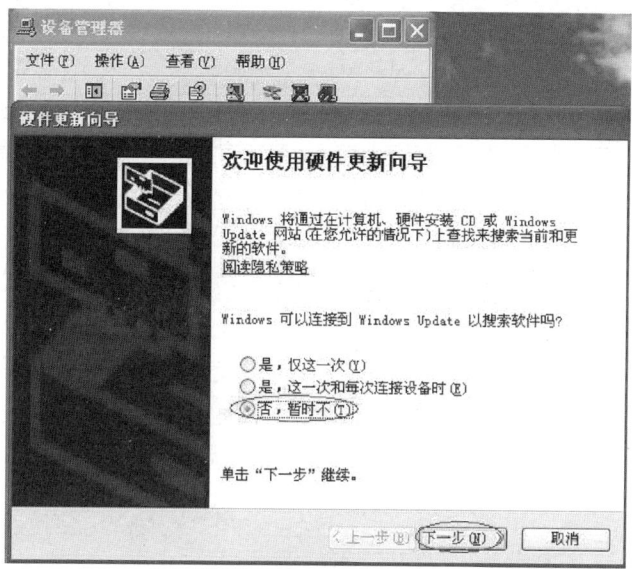

图 1-17

选择"从列表或指定位置安装(高级)(S)",点击"下一步(N)",如图 1-18 所示。

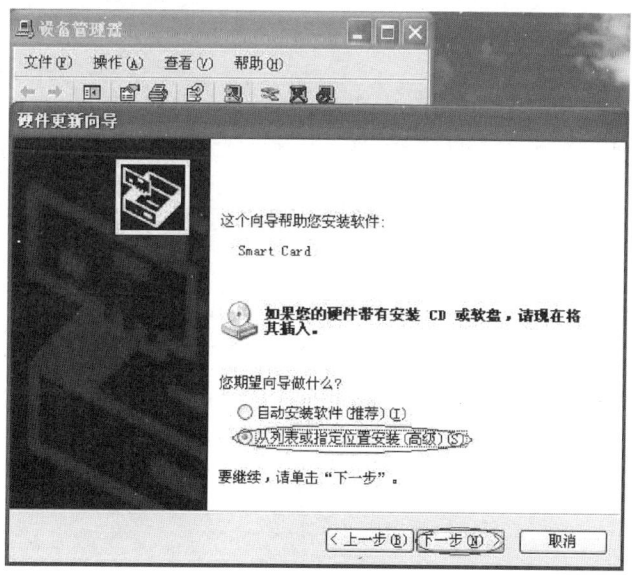

图 1-18

选择"在搜索中包括这个位置（O）"，点击"浏览"，如图1-19所示。

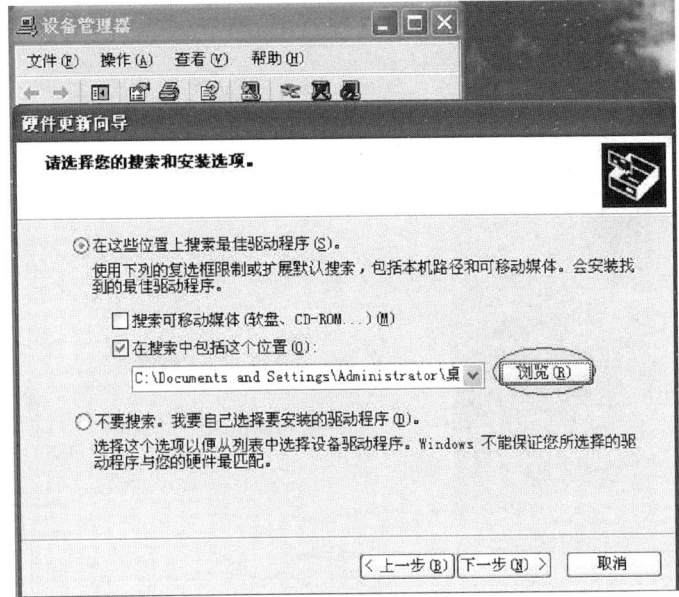

图1-19

找到C：/Windows/Temp/Rockey5文件夹，点击"确定"，如图1-20所示。

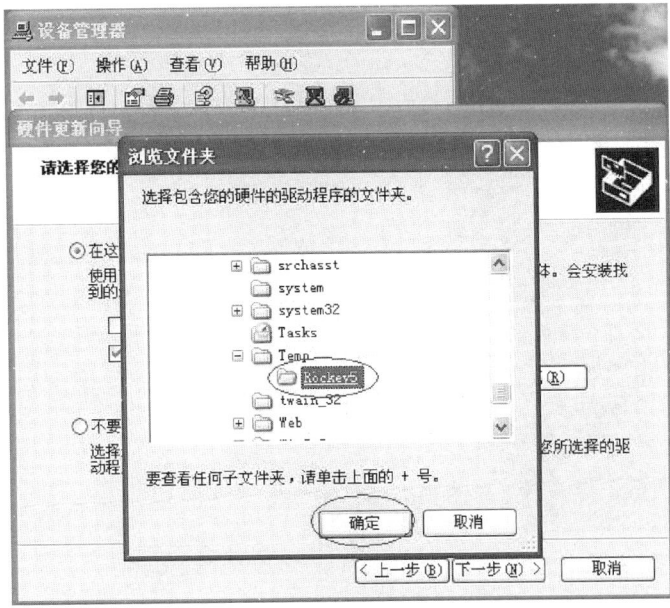

图1-20

点击"下一步（N）",如图 1-21 所示。

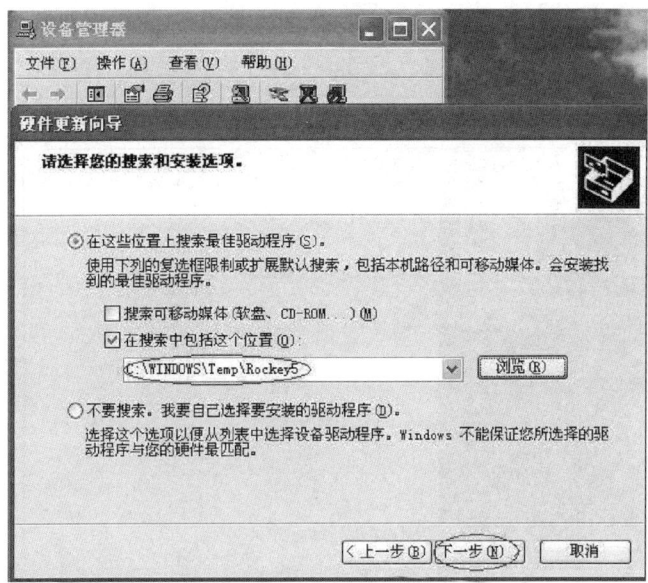

图 1-21

此时会出现软件未经过 Windows 徽标测试的提示,选择"仍然继续",如图 1-22 所示。

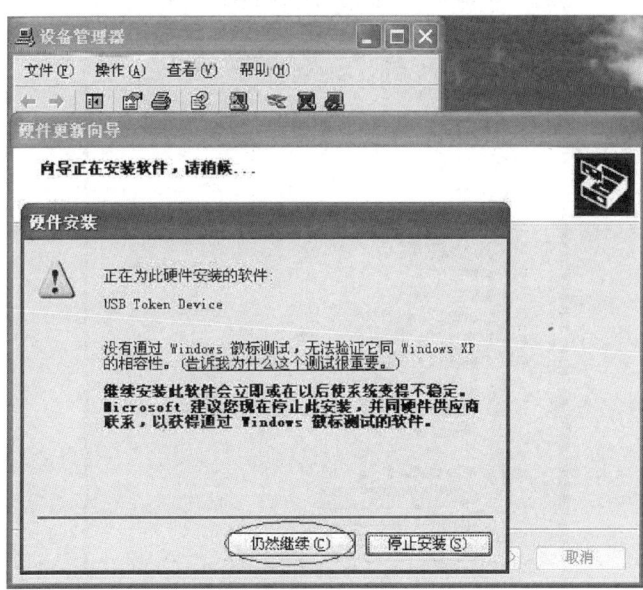

图 1-22

这样就可以完成驱动的手动安装。驱动安装成功，在设备管理器里显示正常，如图 1 – 23 至图 1 – 24 所示。

图 1 – 23

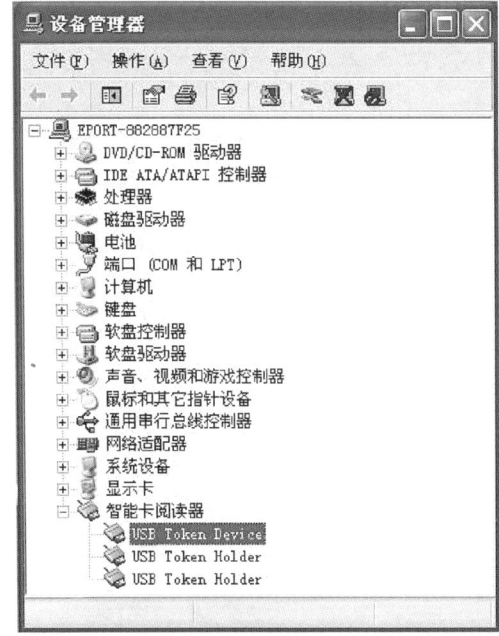

图 1 – 24

第一章
电子口岸入网常见问题

例31. 如何检查EP801读卡器驱动程序安装成功与否？如果没安装成功怎么办？

答：请您用鼠标右键单击"我的电脑"图标，选择"管理"，进入"设备管理器"，然后查看"智能卡阅读器"选项下是否有"USB Token Device"选项以及"USB Token Holder"选项，同时检查Smart Card服务是否为"已启动，自动"的状态（Smart Card服务检查方法详见例28）。

如果运行不正常，有黄色叹号出现，请卸载原来安装的EP801读卡器驱动（卸载后一定要重启电脑），然后重新安装EP801读卡器驱动。

EP801读卡器驱动安装失败的原因，大部分是由于您在驱动安装过程中出现如图1-25或图1-26的提示时，本应选择"是"或"仍然继续"，而您却选择了"否"或"停止安装"。

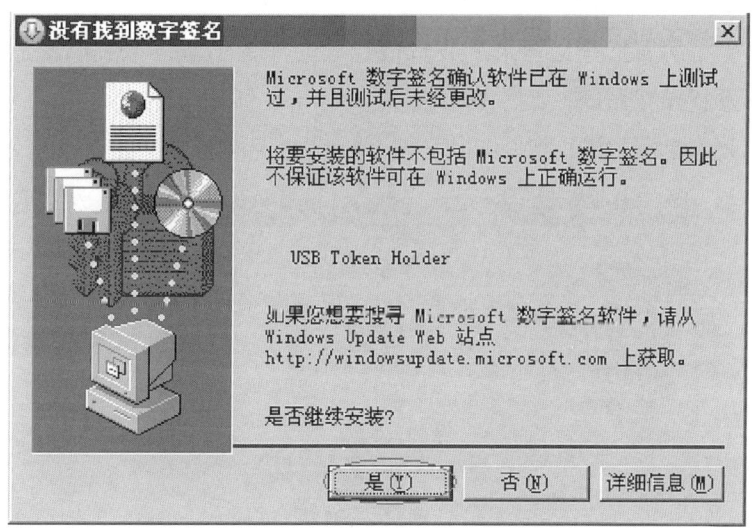

图1-25 在Windows 2000系统

此时需要手动卸载读卡器驱动。操作如下：先拔掉读卡器的USB接口，在"我的电脑"上点击右键，选择"管理"，进入"设备管理器"，点击"智能卡阅读器"，在"智能卡阅读器"项下选中"USB Token Device"选项以及"USB Token Holder"选项，点击右键，选择"卸载"（如图1-27所示）。卸载读卡器驱动后重新启动电脑，再次安装读卡器驱动程序，在遇到驱动未经过微软数字签名或Windows徽标测试的提示时选择

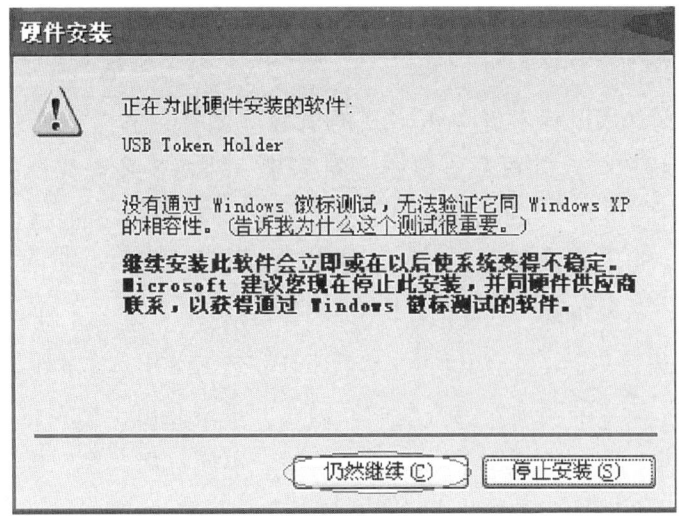

图 1-26 在 XP 系统上

"是"或"继续安装"。驱动程序安装完成后,插入读卡器时应该还会出现一个驱动未经过微软数字签名或 Windows 徽标测试的提示,同样选择"是"或"继续安装"。

图 1-27

第一章
电子口岸入网常见问题

例 32. 读卡器控件安装失败怎么办？

答：出现此错误，大多是因为您在安装时没有关闭电子口岸的页面。若页面全部关闭后，还存在此问题，建议您重启电脑后重新安装读卡器控件程序。

例 33. 如果我安装完 EP600、EP801 控件和驱动后，把读卡器插入 USB 接口但并不提示"找到新硬件"，该怎么办？

答：处理方法是：

（1）请您换个 USB 接口重试；

（2）如果还不提示"找到新硬件"，则可以右键点击"我的电脑"选择"管理"，打开"设备管理器"，检查里面有没有"智能卡阅读器"一项。如果有，把"智能卡阅读器"下面的设备都删除；

（3）将读卡器重新插拔，直至出现"找到新硬件"的提示。

例 34. 我们使用 Windows XP 系统安装 EP801 控件及驱动后，插入 EP801 读卡器时系统提示需要 Smart Card Reader Installation Disk #1 上的 "eps2k1. sys"，或者"usbic2k. sys"文件，该怎么办？

答：（1）请您在系统提示框中点击"浏览"按钮，所需文件在 C：\ windows \ temp \ Rockey5 路径下，选取即可解决；

（2）如果在上述目录下没有 Rockey5 文件夹，请在电脑"控制面板"的"添加/删除程序"中，将"USB 2000 Driver（仅用作移除）"卸载后，重新启动计算机；

（3）双击 intDrv_ std. exe 文件重新安装驱动程序。

例 35. 更换读卡器控件程序，是否会影响原有卡片的使用？

答：更新读卡器控件程序，不会对原有卡片和业务系统应用造成影响。

第三节　计算机配置和客户端安装

一、硬件配置要求

例36. 我们是一家刚办完电子口岸入网手续的企业，该如何开始办理电子口岸业务？

答：请您自备一台可以上网的计算机，使用中国电子口岸系统安装盘安装客户端程序，按照要求连接好读卡器并插入企业IC卡，将计算机接入互联网，登录中国电子口岸网站 http：//www.chinaport.gov.cn 后，即可开始办理各项业务。

例37. 电子口岸系统运行的计算机配置要求如何？

答：中国电子口岸系统运行所需要的软硬件配置较低，下列为计算机的基本配置要求：

（1）CPU：Intel 奔腾4系列或以上；
（2）内存：256M 或 512M 以上；
（3）显示器：支持 1024×768 或以上分辨率；
（4）硬盘：C 盘要求有 5G 以上剩余空间；
（5）操作系统：Windows XP/2003/2000/98；
（6）浏览器：IE6.0 以上版本；
（7）其他：需要光驱，安全技术服务用户需要具备接入互联网相关条件（宽带、ADSL、专线等）。

二、客户端安装问题

例38. 如何获得电子口岸客户端程序安装盘？

答：请您直接到当地数据分中心制卡窗口，购买中国电子口岸客户端程序安装光盘。

例39. 电子口岸客户端软件及 ESA 安全数据库的安装方法是什么?

答:请您打开 CD－ROM 驱动器,放入中国电子口岸 ESA 安全数据库安装光盘(集成电子口岸业务程序)。电脑界面上会自动弹出一个安装界面,用鼠标左键点击"安装",系统开始安装。安装成功后,系统要求注册安全数据库(ESA),按照光盘安装说明注册后,ESA 安全数据库程序安装完毕。

例40. 电子口岸浏览器版程序只能装在 C 盘吗?

答:C 盘是默认安装路径,而且该程序只能安装在 C 盘上。

例41. 如果安装浏览器版控件程序失败,该怎么办?

答:(1) 请您关闭所有的浏览器窗口后重试;

(2) 如果仍不能解决问题,请确认您是否使用了具有 Windows 管理员权限的用户登录。如果不是,请使用具有管理员权限的用户登录系统,然后重新安装控件。

例42. 我公司购买了安装光盘,但是序列号丢失了,该怎么办?

答:请您拨打数据中心客服热线 010－95198,与客服人员联系,说明具体情况;同时将加盖公章的情况说明连同发票复印件一起传真到数据中心客服部(传真:010－65194704)。传真内应提供企业组织机构代码、企业名称及光盘号。

例43. 客户端软件冲突的表现形式和处理方式是什么?

答:(1) 表现形式如下:

①企业用户在进行查询操作时,页面显示不完全,例如,只有表头没有表体,或错行等问题;

②页面显示为乱码,例如,操作员姓名为乱码,或单位名称为乱码;

③企业用户进行出口退税结关信息查询时,查询结果列表只显示第一页;

④企业用户进行批量交单或备案时,已经选中前面的复选框,但仍然

提示没有被选中的单据；

⑤企业用户登录中国电子口岸网站首页，输入口令后系统弹出提示框"运行时间错"。

（2）处理方式如下：

①如果您初次使用"一键修复"工具，请您登录中国电子口岸网站 http：//www.chinaport.gov.cn，进入"下载中心"，点击"一键修复工具"，自动下载安装客户端程序。如果您之前已经安装该程序，请您双击桌面的"一键修复"图标。

②在弹出的运行界面中点击"一键修复"，程序会自动对客户端进行智能化的检测与修复：

A. 如提示"客户端程序不完整，请使用办理电子口岸入网手续时领取的［Oracle Lite］专用版光盘进行安装"，则需要您使用系统安装盘重新完成安装；

B. 如提示需要安装一些文件或手动进行一些操作，则须根据具体提示信息完成有关操作；

③完成检测修复后，您可重新进行业务操作；

④如仍不能解决问题，则请您把错误提示信息的截图传真至数据中心客服部（传真：010－65194704），提交给技术支持人员处理。

 小贴士 当电脑界面出现需打印或传真的异常错误时，请您执行以下操作：

（1）按下键盘的 Print Screen 键（位于 F12 键的右侧）；

（2）新建 Word 文档，直接点击"粘贴"并打印或发送电子文档传真。

第四节 身份验证常见问题

一、输入密码时异常提示

例44. 如果登录中国电子口岸网站输入口令时提示"您的密码为默认

第一章
电子口岸入网常见问题

密码，请立即修改"，如图1-28所示，应该如何处理？

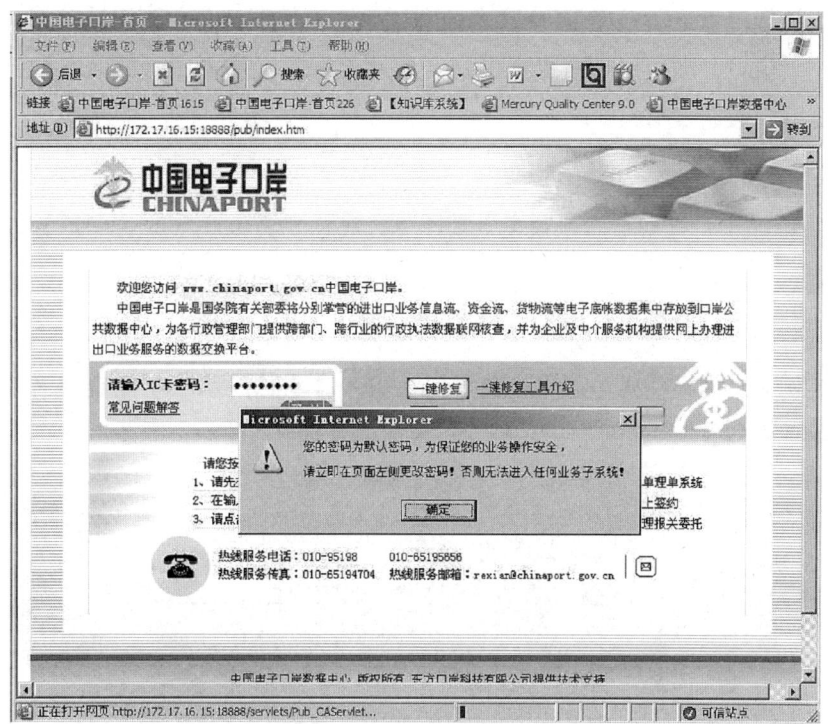

图1-28 提示修改密码界面

答：出现此提示是由于您还没有更改默认口令。请您在首页输入口令点击"确定"后，在下一个页面的左侧修改密码，修改完成后返回中国电子口岸网站首页，重新输入修改后的密码即可。

例45. 如果登录中国电子口岸网站输入口令时提示"密码校验失败"，应该如何处理？

答：该问题的产生原因是您输入密码错误。密码长度为8位，请您仔细确认后谨慎输入。累计5次输错密码，IC卡将被锁定。

例46. 如果登录中国电子口岸网站输入口令时提示"您的IC卡数字证书有效期截止到×××年××月××日，请到海关的RA部门办理数字证书更新手续"，应该如何处理？

答：电子口岸 IC 卡的数字证书有效期为 2 年，该卡的数字证书即将到期。请您携带电子口岸 IC 卡和单位介绍信在有效期截止前到当地数据分中心制卡窗口办理数字证书更新手续（各地规定或有差别，请提前咨询当地数据分中心制卡窗口）。

 小贴士 更新后密码恢复成 8 个 8，别忘了要修改默认密码后再进行业务操作！

例 47. 如果登录中国电子口岸网站输入口令时提示"不能查到当前用户的证书信息"，如图 1 - 29 所示，应如何处理？

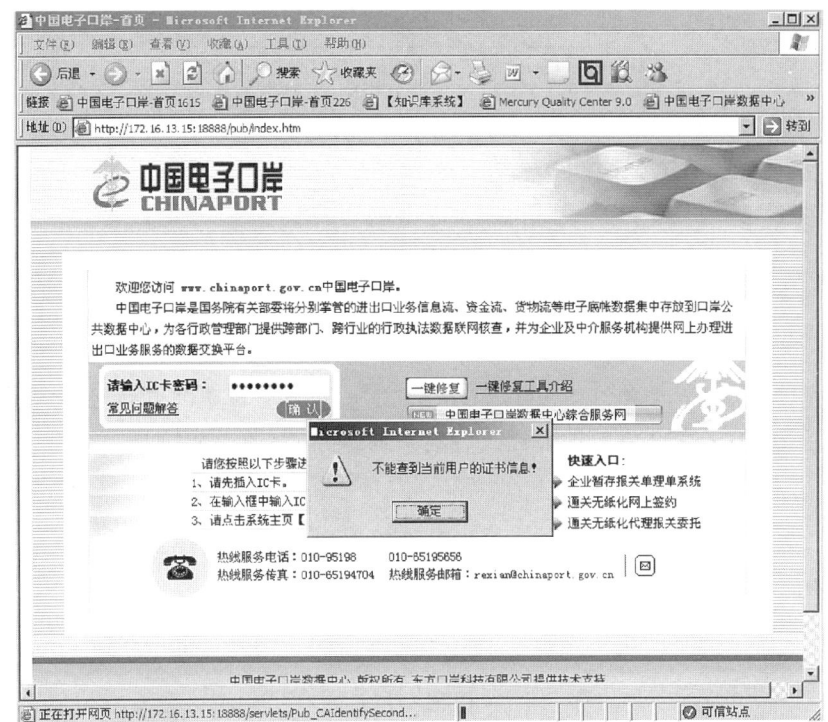

图 1 - 29

答：出现这样的情况可能由以下两个原因造成：

（1）电子口岸 IC 卡数字证书到期。请您携带已过期的电子口岸 IC 卡和单位介绍信(各地规定或有差别,请提前咨询当地数据分中心制卡窗口),到当地数据分中心制卡窗口办理更新手续。

(2) 如果您是使用无线网络接入互联网,这种情况下也有可能发生"查找不到当前用户的证书信息"。请您更换到有线网络环境进行电子口岸业务操作,并暂时关闭电脑上的无线网卡功能。

例48. 如果登录中国电子口岸网站输入口令时提示"CA 根证书验证用户出错",应如何处理?

答:一般情况下,系统日期不正确时会出现这个提示信息。请企业检查电脑的系统日期,如不正确,请更改至当前日期;如正确,请重新安装电子口岸浏览器安全控件并清空 IE 浏览器的临时文件。

例49. 我公司在更换新卡登录后,发现所有业务系统均为灰色,如图1-30 所示,应该怎么办?

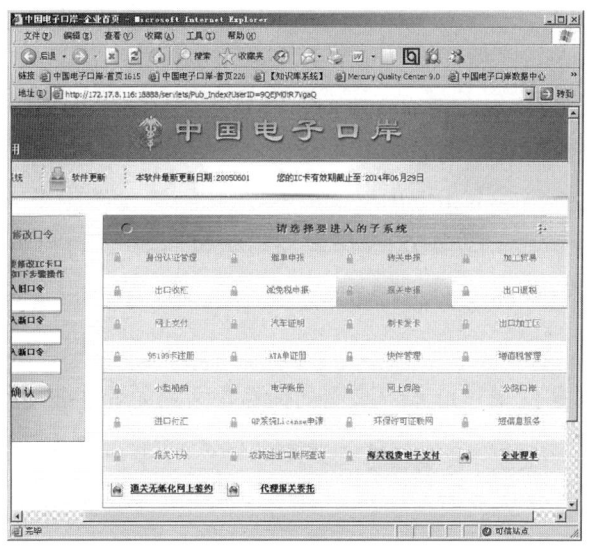

图 1-30

答:这是由于更换新卡("8"字卡)后密码被设为系统默认密码导致的。请您修改密码后重新登录系统,即可恢复原有的操作权限。

二、设备识别时异常提示

例50. 如果企业使用EP801/600读卡器登录时,提示"初始化串口失败",该怎么办?

答:(1)如果您使用的是EP801读卡器,无论是新卡("8"字卡)还是旧卡("0"字卡),可以按如下方法处理:

①请登录中国电子口岸网站www.chinaport.gov.cn,点击"下载中心",在弹出的新窗口中点击"中国电子口岸执法服务器证书更新程序",下载并安装;

 小贴士 安装时务必把所有网页都关闭,仅关闭电子口岸网页是不行的,还必须用管理员组的用户身份安装。安装完成后,系统会提示"安装成功"。

②请登录中国电子口岸网站www.chinaport.gov.cn,点击"下载中心",在弹出的新窗口中点击"EP801P-U读卡器驱动程序",下载"EP801P-U读卡器驱动";

③解压后,请您双击intDrv_std.exe,在安装过程中系统会提示软件没有通过微软测试,请选择"是"继续安装,安装完成后把读卡器的USB接口插到计算机上,即可正常使用,无需再手动指定安装驱动程序位置。

(2)如果您使用的是EP600型读卡器,无论是新卡("8"字卡)还是旧卡("0"字卡),请先确认是否有EP600读卡器安装光盘(版本号是2.2.1),然后按如下方法处理:

①如果有EP600读卡器安装光盘,请进行如下操作:

A. 把读卡器的USB接口先从计算机上拔下来;

B. 把读卡器安装盘小盘放入光驱,双击"企业"文件夹里的"企业控件安装程序.exe",注意必须用管理员用户身份登录而且必须关闭所有的电子口岸网页。安装过程中,系统会让您选择"浏览器"、"报关行版"还是"Quick

Pass",您需要按照自身的情况选择。选择完毕,会有安装驱动 pcsc_0 界面出现,如果您是浏览器版用户,请安装在 C:\programfiles\pcsc_0;如果您是报关行版用户,请安装在 C:\eport\bin;如果您是 Quick Pass 系统(以下简称 QP 系统)用户,请安装在 C:\quickpass\bin。安装完成后,会弹出"企业控件说明.mht"文档,请您点击"关闭"。同时会在桌面上多出两个文件,一个叫"企业控件说明.mht",另一个叫"电子口岸智能卡测试工具";

C. 把读卡器的 USB 接口插到计算机上。如果您使用的是 Windows 2000 系统,该系统能自动找到驱动,可以直接使用。如果您使用的是 Windows XP 或 Windows 2003 系统,当您把读卡器的 USB 接口插到计算机上,系统会提示"找到新硬件",然后指定驱动位置。点击"从列表或指定位置",选择"浏览",假设光盘驱动器是 G,指定驱动在"G:\Eport 驱动程序\EP600\win2000、xp\手动安装"文件夹里,或是指向到 C:\program files\pcsc_0,均可;

D. 读卡器安装完毕,把电子口岸 IC 卡插入读卡器内,读卡器灯应为绿色,直接登录电子口岸即可正常使用。

②如果您没有 EP600 读卡器安装光盘,请进行如下操作:

A. 请登录中国电子口岸网站 www.chinaport.gov.cn,点击"下载中心",在弹出的新窗口中点击"中国电子口岸执法服务器证书更新程序",下载并安装;

B. 请登录中国电子口岸网站 www.chinaport.gov.cn,点击"下载中心",在弹出的新窗口中点击"EP600 读卡器驱动"并完成下载;

C. 解压后,请您双击"WIN2000、XP"文件夹下的"自动安装.exe",进行 pcsc_0 的驱动安装;

D. 安装完成后把读卡器的 USB 接口插到计算机上。如果您使用的是 Windows 2000 系统,该系统能自动找到驱动,可以直接使用。如果您使用的是 Windows XP 或 Windows 2003 系统,当您把读卡器的 USB 接口插到计算机上,系统会提示"找到新硬件",然后指定驱动位置。点击"从列表或指定位置选择",选择"浏览",将路径指向到 EP600 解压后的文件夹下的"WIN2000、XP\手动安装",或是指向到"C:\Program Files\pcsc_0",均可;

E. 读卡器安装完毕，请把电子口岸 IC 卡插入读卡器内，读卡器灯应为绿色，直接登录电子口岸即可正常使用。

例 51. 如果在使用 EP600 读卡器登录中国电子口岸预录入系统时，提示"读卡器底层库打开读卡器失败，错误码 = 50200"，应该怎么办？

答：请您插拔电子口岸 IC 卡后重试。若故障未解决，请重新安装新的驱动程序。

例 52. 如果使用 GC-482 型串口读卡器，在登录中国电子口岸预录入系统和浏览器版系统时，读卡器灯不闪，应该怎么办？

答：请您先检查读卡器连接线是否正确与电脑连接。若连接有误，将读卡器插在电脑 com1 端口上。

 小贴士 | GC-482 不支持任何 com 口转换 USB 口的设备。

第五节　用户登录错误提示集锦

一、网页错误提示

例 53. 发生网页错误时，使用"一键修复"可修复哪些错误？

答："一键修复"可修复的错误内容有：

（1）行 41，对象不支持此属性或方法；

（2）行 42，对象不支持此属性或方法；

（3）行 433，此计算机上的安全设置禁止访问其他域的数据；

（4）初始化串口 1 打开失败，初始化串口 2 失败；

（5）行 434，ODBC 驱动程序管理器未发现数据源名称，并且未指定默认的驱动器；

（6）行 433，POL93032；

（7）行434，无法启动指定数据库；

（8）行379，126指定驱动程序无法加载；

（9）输入卡密码后报：卡策略模块找不到配置文件，错误代码：53840。

例54. 在登录中国电子口岸网站输入口令时提示"该页存在潜在的对ActiveX控键不安全信息……"，该如何处理？

答：请您进入IE浏览器，依次点击"工具"→"Internet选项"→"安全"→"自定义级别"，将设置中的所有选项选为"启用"状态，其安全级降为"低"。

例55. 我们在登录中国电子口岸网站时提示"解PEM编码失败"，应该怎么办？

答：此故障是由于您公司的网络存在问题，需要您公司的网络管理人员对网络环境进行相应调整。不建议您在VPN及多线路网络环境下使用电子口岸。

如仍不能解决问题，请您致电数据中心客服热线010-95198，与客服人员联系解决。

例56. 如果在登录中国电子口岸网站时提示"未打开卡一"或"文件认证失败，errcode=53120"，应该如何处理？

答：请您登录中国电子口岸网站 www.chinaport.gov.cn，依次点击"下载中心"→"中国电子口岸执法系统服务器更新程序"，下载安装后再登录即可。

例57. 我们在登录中国电子口岸浏览器版系统时，提示"网页错误：没有权限"，是什么原因造成的？

答：这是由于您的本地电脑存在问题。请您清空IE浏览器的历史记录、临时文件，添加受信任站点等。如果提示出现在您输入口令后，请关闭当前窗口，重新登录中国电子口岸执法系统。

例58. 我在登录中国电子口岸浏览器版系统时，网页提示"［pol-

3023］the database does not exist"（数据库不存在），应该怎么办？

答：请您打开 C:\olite\deploy\BIN 目录，会发现该文件夹中没有公共部分参数库 dbparanet.odb 文件。请用以下方法解决：

（1）进入中国电子口岸网站页面，点击"软件更新"；

（2）点击"公共部分参数库"，进行下载；

（3）下载后将其保存到桌面上，双击下载的文件，点击"安装"。

例59. 我在登录中国电子口岸浏览器版系统打印数据时，提示"需要安装打印控件"，该如何安装？

答：请您登录中国电子口岸执法系统，依次点击"软件更新"→"公用部分"→"打印控件"进行安装。

二、预录入系统登录错误提示

例60. 如果用 EUS 进行系统更新时，提示"*.dll 文件 CRC 校验失败"，应该怎么办？

答：这是由于更新服务器上的文件有问题所致的。请您致电数据中心客服热线 010-95198，转交技术支持人员处理。

例61. 如果我在使用 EUSSTART 更新时，提示"检查版本失败，返回函数值：-2001"；或在登录系统时，提示"与服务器连接中断"，该如何处理？

答：请您检查本地网络，确认无异常后，致电数据中心客服热线 010-95198，获取 EUS 下载服务器地址。

例62. 我公司有两个海关编码，但是登录 QP 4.0 系统的时候没有选择海关10位编码的提示，该如何处理？

答：首先请您更新 QP 4.0 系统，然后登录 QP 4.0 打开"系统维护"，点击"缺省值维护"，去掉当前默认海关10位编码中的默认编码。

例63. 我们在登录 QP 系统时，插入电子口岸 IC 卡，输入正确密码后，点击回车，弹出一个对话框，显示"错误编号：-10025"，应该如何处理？

答：出现此情况多数是由于您的电子口岸 IC 卡已过期或已损坏。请您携带单位介绍信和出现提示的电子口岸 IC 卡到当地数据分中心制卡窗口查询具体原因，然后做相应处理。

例 64. 我在登录 QP 系统时，系统报错"-10058"，应该如何处理？

答：请您用 EUS 做程序更新。如果更新后还是报错，请拨打数据中心客服热线 010-95198，转交技术人员处理。

例 65. 如果企业登录 QP 系统时，系统报错："-10002"；或用 EUS 进行系统更新时，系统报错："-2001"，应该怎么办？

答：（1）请您先确认网络连接是否有故障；

（2）然后打开 EUS，按"F1"帮助按键，里面有关于该问题的解决方法。

例 66. 我在登录 QP 系统时，系统报错"-10005"，该怎么办？

答：出现该提示，可能是由于读卡器无法识别卡。请您确认是否插入正确的电子口岸 IC 卡、读卡器是否工作正常。

例 67. 我在登录中国电子口岸预录入系统时，发现了系统图标为灰色，点击后提示"无权进入"，该怎么办？

答：出现该问题是由于您所在口岸的海关已经申请启用了操作权限控制，并且未对您所持的操作员卡进行相关授权。请您及时联系主管海关，申请相关子系统的操作权限。

例 68. 我们在登录中国电子口岸预录入改进版系统时，系统报错"认证发生异常！无法获取 IC 卡签名信息，[卡策略模块]找不到配置文件：错误码=53840"，该怎么办？

答：因为中国电子口岸预录入改进版系统安装过程中包含多种控件，在未完整安装的情况下直接升级，系统将提示该错误。您可通过重新安装中国电子口岸预录入改进版系统，再升级即可解决该问题。

例 69. 我们在登录中国电子口岸预录入改进版系统时，系统报错"认证发生异常！无法获取 IC 卡签名信息，[读卡器底层库] 复位读卡器失败：错误码 = 50070"，该怎么办？

答：此问题的原因与"例 68"相同。中国电子口岸预录入改进版系统安装过程中包含多种控件，在未完整安装的情况下直接升级，系统将提示该错误。您可通过重新安装电子口岸预录入改进版系统，再升级即可解决该问题。

例 70. 如果登录中国电子口岸预录入改进版系统后，点击里面的任何子系统，系统都提示"创建 session 失败"，该怎么办？

答：首先请您检查电脑上的系统时间是否为当前时间，如果不是，需要修改时间；若修改时间后重新登录仍然无效，需要删除目录 C：\ Documents and Settings \ Administrator \ local_ setting \ apps \ 2.0 里面除了 "data" 外的所有文件夹，然后重新安装中国电子口岸预录入改进版系统。

第六节　QP 产品激活管理

一、QP 系统激活问题

例 71. 我公司的电脑已经安装 QP 4.0 系统并且激活，在安装 QP 改进版系统时是否需要再次激活？

答：不需要再激活了。

例 72. QP 系统激活码是否有有效期限？

答：暂时没有有效期限，如果增加有效期控制会另行通知。

例 73. QP 客户端系统激活之后，如果更换电脑硬件或者主机，如何再激活客户端？

答：请您联系当地数据分中心，将原先已经使用的激活码重置，之后可以使用原先的激活码重新激活客户端。

二、激活时报错情况处理

例 74. 我公司安装 QP 改进版系统后,输入激活码激活系统,系统提示"激活码错误:服务器响应信息:激活码无效",是因为什么?

答:可能是由于以下几个原因:
(1)激活码已经使用;
(2)激活码输入错误;
(3)您安装的系统是培训环境。

例 75. 我公司进行 QP 系统激活时,系统提示"初始化 IKEY 失败,错误代码=50200",应该怎么办?

答:激活的时候需要读取企业卡片信息。出现这个问题可能是您没有插紧卡或者读卡器没有被电脑正确识别所造成,请您重新插拔企业 IC 卡或读卡器。如果还不行,需要重新安装读卡器驱动。

例 76. 如果在激活时提示"客户端与激活码绑定的企业不一致",是什么原因?

答:因为在激活码发放给您之前,数据中心已经将激活码跟您企业的组织机构代码做了绑定,您在激活的时候同样需要在电脑上连接本企业的 IC 卡或者IKEY,如果使用其他企业的 IC 卡,就会出现这个提示。

例 77. 我公司 QP 客户端系统激活后,如果电脑硬件或者电脑主机未作更换,只是把网络稍作调整,登录时系统提示"没有激活",应该怎么办?

答:个别企业网络环境更换之后确实会出现这种情况。请您联系当地数据分中心将原先已经使用的激活码重置,然后可以使用原先的激活码重新激活客户端。

第二章 联网核查系统常见问题

当您读到本章内容时,说明您已经顺利成为中国电子口岸用户了!对于经营进出口业务的您来说,"外汇"、"关税"、"进口增值税"等名词肯定耳熟能详,但是与您的"钱途"操作有关的电子口岸项目,您也许就没那么熟悉了。涉及外汇、关税的核查系统主要有"出口收汇"、"进口付汇"、"进口增值税"、"出口收结汇"、"出口退税"、"网上支付"等。

本章主要对您使用应用项目时可能遇到的问题进行解答,涉及项目基本知识、操作常识和常见错误等几个方面。相信您已经迫不及待了,那我们开始吧!

第一节 出口收汇

出口收汇系统,是海关总署联合国家外汇管理局(以下简称外汇局)共同开发的出口收汇核销单和出口收汇报关单联网核查系统。系统为出口收汇核销单建立了电子底账数据,核销单的基本信息以及各部门对核销单的操作情况都将保存在数据中心,供外汇局查询并进行核销单挂失等各项操作;同时,系统将海关总署采集的各口岸海关"出口报关单核销联"电子数据经数据中心传送至外汇局,方便外汇局核查报关单和核销单的真实性。系统在全国推广后,累计处理出口结关报关单5000余万票,基本杜绝了企业利用伪造核销单、虚报核销单丢失等手段进行逃汇、骗税活动。

系统操作常见问题

例 78. 为何我登录中国电子口岸网站后二级页面的"出口收汇"子系统处于灰色状态？

答：请先确认您使用企业操作员卡登录系统并已修改初始密码。出口收汇子系统按钮为灰色的原因是企业 IC 卡出口收汇权限未开通或已到期。具体处理方法如下：

（1）如果您是第一次使用本系统，那么说明您的企业 IC 卡出口收汇权限未开通，您可以按照如下步骤操作：使用企业法人卡登录中国电子口岸网站首页后，依次点击"身份认证"→"数据备案"→"IC 卡权限"（查找操作员卡卡号）→"外汇"→"暂存"→"申报"，然后联系主管外汇局进行 3 级审批，审批通过后，IC 卡将可正常操作出口收汇子系统；

（2）如果您是在开通出口收汇权限后首次登录系统，请用操作员卡进行上网卡系统注册；

（3）如果您以前可以正常操作出口收汇系统，那么很可能是由于您的企业 IC 卡出口收汇业务的使用权限已经到期。您应向外汇局申请延期，具体操作步骤为：使用企业法人卡进入系统，依次点击"身份认证"→"备案变更"→"IC 卡权限"（查找操作员卡卡号）→"外汇"→"暂存"→"申报"，然后联系主管外汇局进行 3 级审批，审批通过后，IC 卡将可正常操作出口收汇子系统。

例 79. 我公司变更了单位名称，但在外汇局领单时仍然显示旧的单位名称，如何解决？

答：请您去当地数据分中心制卡窗口办理企业信息变更，各职能部门审批通过后核销单电子数据即可显示为更改后的企业名称。

第二节 出口收结汇

出口收结汇项目由数据中心开发，以完成海关总署与外汇局之间的数据传输，于 2008 年 7 月正式上线运行。

该项目按照海关总署、外汇局达成的协议进行：海关总署向数据中心传输企业已结关报关单电子底账数据，外汇局向数据中心提供不同贸易方式可结汇的业务规则，并委托数据中心批量汇总不同贸易方式出口报关单可核注结汇金额，向银行发送，供办理出口结汇的外汇指定银行（以下简称"结汇银行"）进行查询、核注；企业办理每笔结汇业务时，对于有可核注结汇金额的，由结汇银行对出口报关单可核注结汇金额进行联网核注操作。2008 年 7 月该系统上线后，进一步加强了出口结汇管理，促进了国际收支平衡，防范了违规资金从贸易渠道流入，对全部出口企业的逐笔结汇也可以实行出口报关单可核注结汇电子数据联网核查管理。

一、出口收结汇常用知识解析

例 80. 企业各类贸易项下的可收汇额是如何计算的？

答：（1）一般贸易、进料加工、其他贸易的可收汇额按报关单成交总价的 100% 进行累加；

（2）来料加工的可收汇额按报关单成交总价与外汇局核定的平均结汇比例的乘积累加到来料加工比例内可收汇额中。

如果企业的来料加工实际结汇比例高于外汇局核定的平均结汇比例，高出部分须向银行提出超比例结汇登记及核注后才可结出。

例 81. 出口收结汇系统所说的报关单数据与出口收汇系统中的报关单数据有何区别？

答：可根据以下几点加以区别：

（1）用途不同：出口收结汇中的报关单数据是企业可收汇额度增加的数据依据，也是企业的结汇依据；而出口收汇中的报关单数据是企业申请核销时的交单依据，也是企业的核销依据。

（2）传输条件不同：出口收结汇中的报关单数据是在结关后由海关传到电子口岸；而出口收汇中的报关单数据是在企业签发报关单黄白联后由海关传到电子口岸。

（3）数据内容不同：出口收结汇中的报关单数据只包括结汇业务要求的部分关键内容；而出口收汇中的报关单数据是完整的报关单数据。

例82. 我们在实际进出口业务中有时不需要报关，如样品邮寄。此类外汇收入应如何结出？

答：核查系统提供"无关单登记核注"功能，您如有此类业务，可直接持合同等纸质凭证向银行提出无关单业务结汇申请。

例83. 什么是来料加工超比例可收汇额？

答：如果您企业的来料加工合同约定的实际结汇比例超过外汇局核定的平均结汇比例，则该合同对应的来料加工报关单即属超比例结汇报关单，应由您向银行提出超比例结汇申请。银行进行超比例结汇登记后，系统会自动计算并显示该报关单对应的超比例可收汇余额。

例84. 来料加工比例内可收汇额是如何计算出来的？

答：来料加工贸易可收汇额按出口报关单的成交总价与收汇比例的乘积计算，各个地区的收汇比例由各分局依据本地区情况核定。

例85. 我公司进行来料加工报关单结汇时，可以全部从"来料加工报关单比例内可收汇余额"内结汇吗？

答：（1）如果实际结汇比例低于外汇局核定的平均结汇比例，则可以全部从比例内可收汇额内结汇；

（2）如果实际结汇比例高于外汇局核定的平均结汇比例，则应先在比例内可收汇额结掉外汇局核定的平均结汇比例对应的额度，再凭报关单原件和合同向银行提出超比例结汇申请。

二、系统操作常见问题

例86. 我们的企业法人和单位名称正在提出变更，对其结汇是否有影响？

答：无影响。企业、银行读卡时只读取企业组织机构代码，其余信息（如：法人、单位名称）变更，对其没有影响。

第三节 出口退税

出口退税系统是针对出口退税报关单（即出口报关单退税证明联）的联网核查系统。本系统将海关总署从各口岸海关采集的出口退税报关单电子底账数据保存在数据中心，经企业确认后，数据中心再将电子底账数据传送给国税总局，国税总局收到后通过网络下发给各地国税局供具体操作人员查询。本系统为国税局进行出口退税操作提供了可靠的电子依据，进一步提高了工作效率和执法的准确性，为纳税人办理出口退税提供良好的外部数据环境，同时有效地杜绝了利用国家出口退税政策实行骗税的不法行为。

一、出口退税常用知识解析

例87. 国税局给企业办理退税是根据成交总价还是统计美元价？
答：根据统计美元价。

例88. 结关信息是否影响企业做出口退税？
答：结关信息不影响企业进行出口退税业务。

二、系统操作基本常识

例89. "出口退税"的报送操作和"出口收汇"交单操作在电子口岸申报操作时有没有先后顺序？
答：在电子口岸进行操作时没有先后顺序，但实际业务中是先办理出口收汇核销，再去国税局办理出口退税。

例90. 已经报送的数据，海关修改后再次传送到数据中心后，我还需要再次报送该数据吗？

答：根据国税局的业务要求，在此类情况下，企业不能再次报送。在您联系海关重新签发数据后，该类数据由数据中心直接向国税总局统一发送，您无需再次进行报送操作。

例91. 在出口退税系统中，企业更改过海关10位代码，结关信息里还能查到旧的海关代码下的结关信息吗？

答：不能。企业变更10位代码后，只能查到变更后的海关10位代码下的结关信息，旧的海关10位代码下的结关信息是不能被查到的。如果您有两个海关10位代码并存，选择哪个代码进入系统就能查到相应代码下的结关信息。

三、系统操作异常情况处理

例92. 我登录浏览器版程序主界面时，没有"出口退税"模块，但是"出口收汇"、"进口付汇"等模块是正常的，该怎么办？

答：这一般是由于电脑分辨率设置得太低。"出口退税"模块在系统主界面的第二行的最右边，电脑分辨率设置得太低会造成整个右边无法显示，建议把分辨率调整到1024×768以上。

> 💬 **小贴士** 分辨率调整方法：在Windows桌面上依次点击右键→"属性"→"设置"，拖动"屏幕分辨率"滑动块进行调整。

例93. 我在数据报送中查找不到所需报关单数据，应如何处理？

答：请您确认该单数据未报送，然后联系申报地海关重新签发报关单退税证明联。

例94. 我在电子口岸无法下载报关单怎么办？

答：可能是由于该票报关单数据还没有发送。报关单状态变为"发往国税"后，企业即可下载报关单。

例95. 我在数据报送前发现报关单数据有误，如何处理？

答：请您与申报地海关联系，修改报关单数据并重新签发报关单退税联。

例96. 报关单改单后，海关重新签发出口退税证明联，我在出口退税状态查询里查询到的报关单状态是"修改后的报关单已向国税总局发送"，而不是"国税总局已接受"，该状态是什么原因？

答：发生此问题的原因是数据中心还没有收到国税总局的回执，请您耐心等待。

例97. 我在进行退税时发现，国税局收到的价格与电子口岸查询到的成交总价不同，该怎么办？

答：退税时，国税局收到的是海关系统计算出的统计美元价，在实际业务中，由于汇率转换以及个别商品的原因，可能存在不一致的情况。如果您对此价格表示异议，可去报关地海关通关处，申请做复审计征处理。

例98. 我登录中国电子口岸执法系统后发现"出口退税"系统显示为灰色，该怎么办？

答：出现该情况，主要可能由以下3种原因造成：

（1）您使用法人卡登录系统。根据系统设定应使用操作员卡登录操作，请您插入操作员卡后再登录；

（2）您没有更改操作员初始口令。请更改初始口令后重新登录；

（3）您没有进行上网卡新系统注册。请进行新系统注册。

因为出口退税不涉及海关等部门授权，所以除了以上3种情况，该栏目不可能是灰色的。

第四节　进口付汇

中国电子口岸进口付汇系统将海关总署采集的全国各口岸海关进口报

关单外汇证明联电子底账数据，存放到中国电子口岸数据平台，提供给全国各外汇管理分支局和外汇指定银行进行实时联网核查。

同时，本系统为企业提供了强大的查询统计服务功能，而且为企业设计了通过登录电子口岸将报关单电子数据交由指定银行或外汇局进行付汇业务，以及直接持 IC 卡到指定银行或外汇局进行付汇业务这两种模式，用户可以根据自己的需要自主选择。

关于外汇核销形式，进口企业在进口付汇前，须向付汇银行申请外汇局统一制发的"贸易进口付汇核销单"，凭此单办理付汇；货物进口后，进口单位或其代理人凭海关出具的进口货物报关单（付汇证明联）向外汇局指定银行办理付汇核销。

一、系统操作基本常识

例 99. 我公司的组织机构代码发生变更后，是否能查到以前的报关单数据？

答：不能。因为企业组织机构代码为标识企业的主键，变更组织机构实际上就是变更了企业。

二、系统操作异常情况处理

例 100. 我修改过报关单电子数据，现在银行端/外汇局端查到的报关单数据仍是更改之前的，该怎么办？

答：（1）如果该付汇数据还未在银行或外汇局进行过核注操作，请您联系申报地海关核对电子数据后重新签发进口付汇证明联；

（2）如果该付汇数据已做过核注操作，则即使海关为更改后的报关单电子数据重新签发过进口付汇证明联，也不能查到修改后的数据。请您联系主管外汇局解决。

第五节　进口增值税

进口增值税联网核查系统由海关总署、国税总局联合开发。本系统实现了以中国电子口岸网站为平台,将海关进口增值税专用缴款书电子数据向国税部门发送,作为国税部门进行进口增值税抵扣的依据。通过"电子底账＋联网监管"的模式,方便企业及时进行抵扣、便于国税部门进行监管,是中国电子口岸继进口报关单联网核查、出口退税等系统后的又一个重要的项目。

一、进口增值税常用知识解析

例101. 抵扣单位的纳税人识别号在经营单位、申报单位确认后是否可以修改?

答:可以修改,只要抵扣单位没有确认之前都可以重新指定,以最后一次指定为准。

例102. 企业为什么要下载税单?是否可以直接打印税单?

答:下载税单是按照国税局的要求,使企业提交的数据格式保持一致。企业可以直接打印税单。

例103. 企业下载税单的前提是什么?

答:满足以下两个条件才可以下载:

(1)税单状态必须是"抵扣单位已确认";

(2)下载使用的 IC 卡必须是抵扣单位的卡。

如果满足以上条件还是无法下载,请联系数据中心客服热线 010－95198,转技术人员处理。

例104. 进口增值税的税单,有几种方式可以去国税局抵扣?

答：分以下两种情况：

（1）持纸面单据或者国税局要求的相关文件，直接去国税局抵扣；

（2）在电子口岸进行确认操作后，再去国税局抵扣。

例105. 税单确认中有3项：A. 经营单位抵扣，B. 经营单位指定抵扣单位抵扣，C. 抵扣单位确认。如果是一家自抵企业需要做哪些步骤？如果是一家他抵企业需要做哪些步骤？

答：（1）自抵企业：只做A（经营单位抵扣）；

（2）他抵企业：B（经营单位指定抵扣单位抵扣）和C（抵扣单位确认）都要做，如果企业只做B不做C，电子口岸不会把数据传输给国税总局。

例106. 企业补税的税单，是否可以进行进口增值税的确认？

答：该单是补税的数据依据，不能通过电子口岸确认，直接去国税局抵扣即可。

例107. 电子口岸收到的税单数据，什么时间向国税传输？

答：分以下两种情况：

（1）如果您在电子口岸进行了确认税单操作，系统在税单确认后将自动传输；

（2）如果您不在电子口岸进行确认税单操作，电子口岸收到税单数据后将在当天晚上集中传输。

二、系统操作常见问题

例108. 清单下载时，输入的条件是什么？

答：在申报年月之间，按照"YYYYMM，YYYYMM"格式录入，也可以什么都不输入，所有符合条件的单据都会被查询显示出来。

例109. 清单可以重复下载吗？其路径在哪里？

答：清单可以重复下载，下载路径默认是在C:\LOADFILE目录中。

例 110. 我在税单确认中通过第一项（经营单位抵扣）可以找到数据，但是我想在第二项（经营单位指定抵扣单位抵扣）中确认，该怎么办？

答：请您找到需要确认的报关单，打开明细信息后，点击屏幕上方的"撤销"按钮。撤销成功后，数据会出现在"经营单位指定抵扣单位"中，再进行操作。

三、异常状态及报错处理

例 111. 我登录中国电子口岸执法系统，二级界面中的"进口增值税"为灰色，该怎么办？

答：出现该情况，可能有以下两个原因：

（1）您没有进行企业注册，注册后即可使用；

（2）请确认登录用的操作员卡使用的是否是初始默认密码，如果是，请在修改后登录。

例 112. 我做增值税抵扣确认的时候，查询不到税单，该怎么办？

答：这是因为税款支付之后，海关 H2000 对税单核注异常。请您联系海关申请重新核注税单。

例 113. 纸质税单上的纳税人识别号是旧的，该怎么办？

答：请您联系海关相关业务部门查询，因为进口增值税专用缴款书是在海关系统中打印的，电子口岸无法查询。

例 114. 当地国税局不要求做税单确认的企业去税务部门抵扣，没有某票税单，该怎么办？

答：查询税单，有两种可能：

（1）如果可以查到，建议当地国税局联系国税总局查询；

（2）如果查询不到，联系海关总署信息中心查询是否已向电子口岸发送进口增值税税单信息。

第六节　网上支付

网上支付系统作为中国电子口岸的配套服务项目，与中国电子口岸其他业务系统以及银行内部已有的业务系统相连接，改变传统的税费支付方式，为用户提供准确、方便、快捷的网上缴纳税费服务。

采用网上支付的用户，通过中国电子口岸查询到税费通知后，可在网上发布支付指令，银行接到支付指令后，可直接从用户在银行开设的预储账号中划转税费，划转成功后，用户可直接办理相关通关手续。网上支付系统具有高强度的身份认证功能，有效地防止篡改和抵赖，保证支付交易的完整性，体现交易双方明确的意愿、承诺和责任，并提供充分的存证审核功能。网上支付业务的推出缩短了通关时间，提高通关效率，降低贸易成本。

一、网上支付常用知识解析

例115. 四方协议的签订流程是什么？

答：选择联系已开展网上支付业务的银行或企业所属地直属海关，领取四方协议，完成银行和企业方面的签订内容后递交至海关，由海关统一寄送至数据中心。

例116. 网上支付可否实现异地支付业务？

答：数据中心本身已经集中了全国的电子数据，故能否办理异地支付的关键在于银行是否支持。您应先与银行联系，办理开通异地支付的相关手续后，即可实现该业务。

例117. 网上支付时哪些单位可以作为"指定缴款单位"？

答：税单涉及的单位有申报单位、收发货单位、经营单位。三者中任意一个均可被指定为缴款单位。

例118. 网上支付的税单格式和类型有哪些？

答：（1）格式：18位报关单号＋类型代码＋－序号

（2）类型及其代码如下：

进口关税：	A	例如：421820091189012345A－01
出口关税：	C	例如：421820090689012356C－01
增值税：	L	例如：421820091189012345L－02
消费税：	Y	例如：421820091189012345Y－03
关税缓税利息：	N	例如：421820091189012345N－04
增值税缓税利息：	Q	例如：421820091189012345Q－05

例119. 我在海关打印税单后是否仍能使用网上支付？

答：不可以。因为在网上支付的流程中，打单是在企业缴款之后，单据上会有"网上支付"字样，并且缴款银行等信息已经打印在纸制单据上。所以，如果您在网上支付以前已将纸制税单打印出来，就只能在柜台进行支付。

例120. 在海关现场打印网上支付税单的时候能否打印"双抬头"？

答：可以。如果缴款单位和收发货单位不一致，则在税单的缴款单位打印栏同时显示缴款单位和收发货单位名称，俗称"双抬头"；如果缴款单位和收发货单位相同，则只打印一个单位。

例121. 我在进行网上支付时已经指定缴款单位，能否撤销？如何撤销？

答：可以撤销。进入"网上支付"的"税款支付"，查询出已经指定缴款单位的报关单，点击"撤销缴款单位"即可。

例122. 我能否既采用柜台支付又采用网上支付？

答：可以。企业先采用网上支付后又办理了柜台支付，在放行前系统会自动发送取消网上支付税费指令。

二、系统操作基本常识

例123. 网上支付的操作流程是什么？

答：税款支付的操作流程如图2-1所示：

（1）第一步：选择要缴付税款的税单，操作流程如下：

①选择税单。点击"税款支付"菜单进入指定报关单查询条件页面。

②选择报关单。报关单选择分为两种方式：

A. 根据报关单类别查找税单；

B. 指定报关单号。

如选择报关单类别（已指定缴款单位、未指定缴款单位、全部），点击"开始查找"按钮后，系统将显示企业中符合条件的所有报关单，双击要选择的报关单号，则系统进入指定缴款单位页面。如选择指定报关单号，系统将直接进入指定缴款单位页面。

（2）第二步：指定缴款单位，操作流程如下：

①录入缴款单位信息。输入缴款单位等代码，系统自动将单位名称等信息显示在相应位置上。

②点击"指定缴款单位"按钮，系统将所输入的内容提交。

③双击页面下部的税单列表中的税单号，系统将进入指定缴款银行页面。

（3）第三步：指定缴款银行，操作流程如下：

①录入开户缴款银行信息。输入缴款银行的代码，系统自动将银行名称及企业在该银行中的账号列在屏幕上，选择相应的账号。

②点击"进行审批"，在支付初审、支付复审完成后，进入税费交付确认页面。

③点击"确认"按钮，则系统将相应的缴款银行信息提交到数据库中。

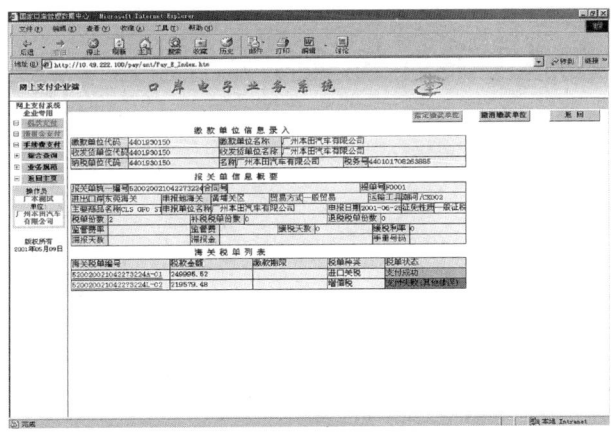

图2-1

例 124. 我在进行银行端"数据备案"操作时应注意什么？

答：企业基本信息备案中的基本联行号非常重要，如填写错误则银行不能审批企业的备案信息。您在填写银行联行号、银行账户名称等信息时，最好先向银行咨询相关规定。

例 125. 我如何进行网上支付的银行端备案？

答：（1）请您使用企业法人卡进入"身份认证/数据备案/企业备案"，将企业基本信息、企业账户信息等填写完毕后点击"暂存/申报"；

（2）点击"身份认证/数据备案/IC 卡备案"，查找出需要备案的 IC 卡卡号，点击备案界面，完成填写后点击"暂存/申报"。

例 126. 网上支付过程中，如何修改报关单？

答：（1）如果是在货物放行前，请联系海关修改报关单。修改后不管税费是否产生变化，如果没有收到预扣成功回执，则系统向数据中心发送新的税费通知以覆盖原税费通知，该税费通知状态恢复为"未指定缴款单位"；如果已经收到预扣回执，则向银行增加发送退款指令，银行将原预扣款项加计银行活期存款利息退回企业账户。

（2）如果是在货物放行后，请联系海关修改报关单。修改后产生税费变更的部分按退补税处理，退补税操作不再生成新的"税费通知"，退补税的操作必须在海关系统成功进行税费核注后进行，并只能按柜台支付方式处理。

例 127. 网上支付过程中，如何删除报关单？

答：（1）在货物放行前，报关单删除后系统自动通过数据中心向银行发送取消网上支付指令，银行收到该指令后作退款处理后，向数据中心发送税费作废回执；

（2）在货物放行后，报关单不能删除，只能作报关单修改处理。

例 128. 我在使用网上支付系统时想备案新银行，应在"数据备案"中还是在"数据变更"中进行备案？

答：应该在"数据变更"中新增备案。

例 129. 我进行网上支付时使用的银行账号发生变更，如何修改银行账号？

答：请您使用法人卡登录系统后依次点击"身份认证管理"→"备案变更"→"企业备案"→"银行"，点开账户信息，将原来的账号删除，新增新的账号，点击"暂存"、"申报"，联系银行审批，然后在 IC 卡备案银行下选择新增的账号，填写金额权限的值，再次点击"暂存"、"申报"，联系银行审批。

例 130. 我在做网上支付时，收发货单位只显示名称不显示代码，是否会影响税单的打印？

答：不会，这是由于收发货单位没有进出口权，在报关单上没有录入单位代码。

三、状态异常、错误提示集锦

例 131. 网上支付子系统为何处于非激活状态？

答：（1）如果您是第一次使用本系统，那么说明您企业的网上支付权限未开通，您可以按照如下步骤操作：使用企业法人卡登录中国电子口岸网站首页后，依次点击"身份认证"→"数据备案"→"企业权限"→"海关"，在"网上付税"前打"√"，点击"暂存"→"申报"，然后联系主管您企业的海关进行 3 级审批，审批通过后，IC 卡将可正常操作网上支付子系统。

（2）如果您以前可以正常操作网上支付系统，那么很可能是由于您的使用权限已经到期。您应向海关申请延期，具体操作步骤为：使用企业法人卡进入"身份认证"→"备案变更"→"企业权限"→"海关"，在"网上付税"前打"√"，点击"暂存"→"申报"，然后请用户与主管外汇局联系（可以拨打电话），外汇局有关负责人员在网上进行 3 级审批，审批通过后，IC 卡将恢复使用权限。

例 132. 支付操作时账户信息为空且不能填写该怎么办？

答：企业备案信息由银行审批通过后，会在支付界面自动显示账户和开户银行信息，不必进行手动填写。如此栏目为空，请您使用法人卡核对数据备案信息，是否已收到银行的审批通过回执，或该企业 IC 卡是否具有该账户的操作权限。

例 133. 备案时输入联行号为什么不返填银行名称？

答：企业账户信息备案时，输入联行号，会自动返填银行名称，不用手动填写。如果没有返填，有可能是本地参数库或数据中心参数库里无此银行信息，请您更新参数库。如果更新后依旧不返填，说明数据中心参数库中没有该银行的相关信息，请您联系该银行，将该银行的相关信息向数据中心备案。

例 134. 银行为何长时间没收到企业的网上支付备案信息？

答：如果您企业为第一次申报，最常见的原因是您未完成企业 IC 卡备案中向银行备案信息内容的填写和申报。根据系统设定，您在第一次备案时，需要将企业信息和操作员信息全部申报，否则数据中心不会将该企业备案信息发送至银行。

例 135. 我在进行网上支付时，无法查询到要支付的税单信息，该怎么办？

答：发生此情况，主要是以下两种原因所致：

（1）海关的报关单税费通知没有传输到电子口岸，请联系海关重新传输税费通知。

（2）您操作时使用的操作员卡不属于该报关单中经营单位、申报单位、收发货单位之一，请您核实卡片信息后重新操作。

例 136. 我公司的企业名称进行了变更，已经在数据分中心制卡窗口完成变更，海关也已经审批通过，但是在做网上支付时，输入"缴款单位代码"，调出的还是旧名称，该怎么办？

答：因为企业名称在数据分中心制卡窗口变更后，工商部门没有进行审批。请您联系主管工商部门审批。

例137. 我在进行网上支付操作时，状态一直是"银行已收到支付请求，未完成（预）扣款"，该如何处理？

答：支付请求已经发送到银行，请您联系银行预扣款。

例138. 我在进行网上支付操作时，提示"税单超出可支付金额"，该怎么办？

答：您在进行网上支付企业IC卡备案时，需要录入金额权限，金额权限是指企业可单笔支付的最大金额数。例如：如果您备案的金额权限是20 000，而您本次要缴纳的税费为30 000，则无法完成支付。

您需要修改企业IC卡备案中的金额权限并向银行申报，银行审核通过后再进行支付。

例139. 我在进行网上支付操作支付关税时，页面出现乱码，支付初审提示"服务器验签失败！"该怎么办？

答：请您在网页任意地方点击右键，选择编码，取消自动选择。

例140. 我在进行网上支付操作时，状态是"（预）扣款失败（等待重新支付）"，该怎么办？

答：这种情况一般是由于企业账户有问题，导致支付失败，请您联系支付银行确认原因后重新支付。

例141. 我在进行网上支付初审时，提示"开户行名称与非空任意型匹配失败"，该怎么办？

答：请您确认该操作员卡的银行备案状态为"审批通过"后再次进行操作。

第三章　通关项目常见问题

现在让我们把关注的焦点集中在电子口岸通关项目上。本章重点从 QP 系统下的报关申报、快件管理、新舱单系统、运输工具动态管理系统、减免税管理、公自用物品系统、新企管系统等项目入手，通过分析这些子系统的相关业务知识、系统权限、客户端配置、系统操作、异常处理和错误代码提示等内容，为您全面解答电子口岸通关作业中会遇到的应用问题，让您明明白白申报、顺顺利利通关！

第一节　报关申报（报关单、转关单）

报关申报是指进出口货物的收发货人或其代理人，依照《中华人民共和国海关法》以及有关法律、行政法规和规章的要求，在规定的时间、地点，采用报关单电子数据和纸质报关单形式，向海关报告实际进出口货物的情况，并接受海关审核的行为。

报关申报业务是整个海关进出口业务的中心环节，也是电子口岸执法系统中的重要组成部分。针对专业报关行、预录入公司报关业务量大、报关集中的特点，数据中心开发了 QP 版报关申报系统，以期能更好地满足专业报关行、预录入公司报关单申报的需要。中国电子口岸报关申报系统是连接企业与海关内网 H2000 作业系统的桥梁，为企业提供：预录入、暂存、申报、报关单电子数据、查询电子申报单证状态、打印报关单、报关单核对单、报关单（验放单单证）等功能。

一、报关相关业务常用知识解析

例142. 南方模式和北方模式的转关提前报关单有什么区别吗？

答：在南方模式下，如果转关单审结而报关单被退单，企业仍然可以重新申报转关提前报关单；在北方模式下，如果转关单审结而报关单被海关退单，企业修改后只能作为一般报关单重新申报，不再是转关提前报关单。

例143. 清单是什么？归并的原则是什么？不同类型的清单报关单申报流程有什么区别？

答：以字母 E、J、K 开头的电子账册和有物料的电子手册在申报报关单前需要先申报清单，电子口岸系统根据归并关系将申报的清单拆分归并成报关单。

电子账册和电子手册在清单申报的流程上是有区别的：电子账册的清单申报是在报关申报系统中进行的；电子手册的清单申报是在电子手册系统中进行的，并且只有料号级电子手册需要申报清单。

例144. 转关运输提前报关单的回执是哪些部门给出的？

答：报关单的回执由申报地海关发出，转关单的回执由进境地海关或出境地海关发出。

二、系统操作申报环节常见问题

例145. 我公司在申报报关单时，系统状态长时间停留在"上载申报发往数据中心"，该怎么办？

答：请您致电数据中心客服热线 010-95198，告知热线坐席该票报关单的暂存号，由电子口岸技术人员在后台查询处理。

**例146. 我公司在申报报关单时，系统状态长时间停留在"已发往海关",数据中心状态与我们系统状态不一致,该怎么办?

答:请您致电数据中心客服热线010-95198,由数据中心技术人员进行查询处理。

例147. 我公司在申报进口转关提前报关单时,报关单状态一直停留在"成功入海关库",但是我们联系申报地海关审核时,海关查不到数据,该怎么办?

答:请您联系主管海关先审核转关单。进口转关提前报关单申报后,海关必须先将转关单审核通过并放行,才能看到报关单数据。

例148. 我公司申报报关单时,系统提示"经营单位和申报单位不一致"或"申报失败:申报单位与经营单位不同!"如图3-1所示,该怎么办?

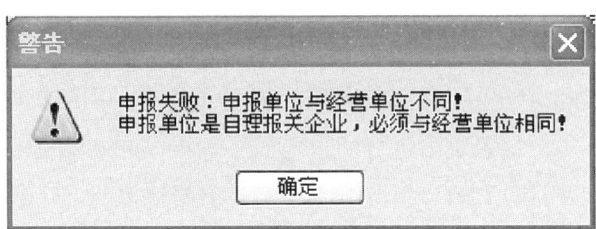

图3-1

答:报关单的申报地海关开启了自理、代理报关检查开关造成企业申报报关单时有如上提示。请企业检查报关单录入信息。

例149. 我公司申报报关单时,系统提示"申报失败:报关员注册企业与报关单申报单位不一致!"如图3-2所示,该怎么办?

图3-2

答：如果报关员注册企业的海关编码与报关单中的申报单位不一致，系统就会提示该错误。请您进行核对。

> 小贴士 | 进入系统后请不要更换操作卡！

例150. 我公司申报报关单时，系统提示"申报失败：状态不对"，该怎么办？

答：这是由于您在报关单状态为"已申报"的状态下，重复申报该票报关单。请您联系数据中心客服热线010-95198，告知报关单数据中心统一编号，由技术人员处理。

例151. 我公司申报报关单后，系统提示"申报失败：超范围报关！"该怎么办？

答：这是由于您的报关员卡没有异地报关权限而进行了异地报关业务，系统因此提示该错误。请您联系当地海关进行相关权限的授予。

例152. 我公司申报一般报关单时，系统提示"申报失败，状态不对"或"非审结"的其他状态，数据中心端状态为"审结"，该怎么办？

答：这是由于您存在误操作（重复申报等）或报关单回执的时间顺序混乱所造成的。请您联系数据中心客服热线010-95198，告知报关单统一编号后，由技术人员重新向企业发送报关单审结回执。

三、数据调用、回执异常情况处理

例153. 我公司在录入转关提前报关单时，在录入境内运输工具编号后调出来的还是旧名称，该怎么办？

答：请您使用备案数据下载功能重新下载运输工具信息。

例154. 我公司在申报报关单时，为什么有的报关单收不到海关的审结

回执，在预录入系统中无法打印报关单？

答：这是由于您申报无纸报关单后又进行了报关单交单，现场关员没有走无纸流程，直接进行了交单、放行操作，造成电子口岸预录入系统收不到海关审结回执。请您到现场海关通关科打印报关单。

四、删改单操作涉及问题

例155. 如何进行报关单的改单？结关之后能改单吗？

答：企业可以使用报关单系统中"修撤单申请/确认"菜单下的功能，对已审结的报关单进行修改或撤销。

例156. 我公司的报关单在海关删单后，通关单是否可以再次使用？

答：报关单申报成功后，对应通关单在海关系统中的状态为"已核注"；报关单结关后，通关单状态为"已核销"；报关单结关前删单，通关单状态仍然为"已核注"，可以继续使用，但不能通过正常途径申报报关单，必须由现场海关做特殊通道申报；报关单结关后删单，通关单状态为"已核销"，结关后删单，通关单可以继续使用，再次申报后，通关单状态为"已核销"，结关后删单重报。

五、退单的错误提示代码集锦

例157. 我公司报关单被退单，系统提示"0068，进口舱单未经确认"，该怎么办？

答：该问题的产生原因是进口报关单舱单数据栏目填制正确，海关舱单库中也有该舱单数据，但该舱单未经确认。正常情况下，系统对海关接收的舱单数据会自动进行确认，但进口舱单经过修改或分票操作后，需要人工再次对此舱单进行确认。请您联系申报地海关舱单管理部门对该舱单进行确认后再重新申报报关单。

例158. 我公司报关单被退单，系统提示"0069，提运单号在进口舱单中找不到",该怎么办？

答：该问题可以分为两种情况，解决办法如下：

（1）进口报关单申报的舱单数据栏目（进口口岸、进口日期、运输方式、运输工具、航次、提单）填制正确，海关舱单库里没有该进口报关单申报的舱单数据。请您到申报地海关舱单管理部门查询舱单数据，待海关收到船公司传输的舱单电子数据后再重新申报。

（2）进口报关单填制错误，申报的舱单数据栏目（进口口岸、进口日期、运输方式、运输工具、航次、提单）填制不正确。以上舱单数据项与海关舱单库中数据项有任意一项不相符，系统则不能通过比对，请您到申报地海关舱单管理部门查询正确舱单数据并修改进口报关单后重新申报。

例 159. 我公司报关单被退单，系统提示"0099，经营单位超期或被布控"，该怎么办？

答：该问题可以分为三种情况，解决办法如下：

（1）经营单位在海关注册备案的企业报关有效期超期。请您到注册地海关企管部门核实在海关备案的企业报关有效期是否超期。

（2）经营单位在海关注册备案的企业工商注册有效期超期。请您到注册地海关企管部门核实在海关备案的企业工商注册有效期是否超期（企业报关有效期、企业工商注册有效期任一项超期，H2000系统都会提示经营单位超期）。

（3）经营单位被海关相关部门布控。请您到注册地海关企管部门核实企管信息中的企业属性布控情况，只有企业信息正常情况下才能通关。

例 160. 我公司报关单被退单，系统提示"0118，申报单位未备案、无报关权或企业不允许异地报关"，该怎么办？

答：这是由于申报单位（即报关行）不允许异地报关。申报单位注册地海关企管部门限定是否允许异地报关，并对允许异地报关进行了关区（包括本关区内各业务现场）限定，申报单位在超出异地报关限制关区外申报时，系统会认定该申报单位"无报关权或企业不允许异地报关"。

请您到注册地海关企管部门核实企管信息中是否批准"允许异地报

关"功能，并核实"允许异地报关"的关区限制。

例161. 我公司报关单被退单，系统提示"0178，统计逻辑检查不能通过"，该怎么办？

答：这是由于申报的进口报关单未输入集装箱信息。目前，部分申报单位只在填制出口报关单的时候申报完整的集装箱信息，而对进口报关单不申报集装箱信息。根据《中华人民共和国海关进出口货物报关单填制规范》规定，报关单申报的集装箱号应填报在集装箱表中，一个集装箱填一条记录，分别填报集装箱号、规格和自重。即进出口报关单都应该按要求申报集装箱信息。

例162. 我公司报关单被退单，系统提示"0037，进出口岸与加工贸易备案手册不符"，该怎么办？

答：报关单申报的进出口口岸不在加工贸易手册备案的进出口口岸范围内。加工贸易手册最多可以备案5个进出口口岸，备案地海关加贸部门根据企业和商品风险程度限定进出口口岸。

例163. 我公司报关单被退单，系统提示"0318，许可证商品未输入许可证号"，该怎么办？

答：这种情况一般是由于报关单填制错误而导致。许可证号应填在报关单表头"许可证号"一栏，一票报关单中只允许输入一个许可证号。进出口商品如属应证商品，必须输入许可证号；非应证商品不得输入许可证号。请您检查报关单"许可证号"栏目填制后再重新申报。

例164. 我公司报关单被退单，系统提示"0319，许可证号为非法码"，该怎么办？

答：这是由于报关单许可证号填制格式有误。报关单表头"许可证号"一栏许可证号格式为：2位年份号－XX－顺序号。请您检查报关单"许可证号"栏目填制后再重新申报。

例165. 我公司报关单被退单，系统提示"0337，手册已暂停执行或银行台账通知单未登记"，该怎么办?

答：出现这样的情况可能由以下两个原因造成：

（1）手册由于某种原因被备案地海关加贸部门暂停执行；

（2）手册因办理备案内容变更、展期等手续，海关开出的银行台账通知单未返回登记，手册不能正常执行。

请您到手册备案地海关加贸部门核实手册执行情况，恢复手册执行后，手册方能正常使用。

例166. 我公司报关单被退单，系统提示"0409，电子账册超报核时间未报核"，该怎么办?

答：这是由于电子账册在海关规定期限内未向海关报核，导致电子账册不能正常执行。电子账册联网企业应当在海关确定核销期结束之日起30日内完成报核，否则，系统自动将超期电子账册停止执行。请报关企业联系电子账册经营单位进行电子账册报核。

例167. 我公司报关单被退单，系统提示"0527，申报数量超过加工贸易手册备案允许数量"，该怎么办?

答：报关单申报的商品数量超过加工贸易手册备案允许的数量。请您到手册备案地海关加贸部门检查手册进出口情况，应在加工贸易手册备案允许的数量范围内申报。

例168. 我公司报关单被退单，系统提示"0608，成交币制代码不合法"，该怎么办?

答：报关单填制的币制不在海关规定的"货币代码表"中。币制，指进出口货物实际成交价格的币种。请您根据实际成交情况按海关规定的"货币代码表"选择填报相应的货币名称或代码，如"货币代码表"中无实际成交币种，必须转换后填报，并将原实际成交币制填写在报关单"备注"栏中。

例169. 我公司报关单被退单，系统提示"0598，申报单价为非法数值"，该怎么办？

答：如果加工贸易手册备案商品的计量单位为"万个"、"千只"、"亿个"、"万套"之类，而报关单申报时商品数量、商品总价较小，根据"总价÷数量＝单价"的逻辑计算关系，单价值出现小数点后多个零时，系统会认为申报单价为非法值，系统中设置只保留小数点后2位数。

请您变更加工贸易手册备案商品的计量单位，使报关单系统认可数值范围内的商品单价。

例170. 我公司报关单被退单，系统提示"0617，申报货值超过征免税证明允许额度"，该怎么办？

答：该问题可以分为两种情况，解决办法如下：

（1）征免税证明减免税额度不足。请您在征免税证明签发地海关查询项目备案数据，如果申报货值的确超过项目备案免税额度，请联系主管海关减免税部门增加额度。

（2）报关单填制错误。如果征免税证明是征税表，征免性质为"照章"，如报关单"征免"一栏错误填制为"全免"，海关系统视为征免税证明允许减免税额度不足，作该提示并退单。请您修改报关单后重新申报。

例171. 我公司报关单被退单，系统提示"0758，含已暂停进出口的商品"，该怎么办？

答：报关单申报的加工贸易手册中的商品项含有已暂停进出口的商品。海关总署2007年第17号公告公布了加工贸易禁止进出口商品目录，对列入此目录的商品，加工贸易手册备案地海关加贸部门按文件规定的禁止方式（禁止进口、禁止出口、禁止进出口）对手册执行情况进行限制。

例172. 我公司在申报报关单时，海关电子审核退单，提示"4200，关区2011年10月26日缴款期限没有维护"，该怎么办？

答：这是由于海关系统没有维护关税缴款期限，请您联系海关通关科做数据维护。

例 173. 我公司报关单被退单,系统提示"报关员超期",该怎么办?

答:这是由于您企业的报关员卡已经超期。海关系统在进行报关单校验时会检查报关员在海关备案的情况,因此使用超期的报关员卡报关会被退单。

例 174. 我公司报关单被退单,系统提示"无运抵报告",该怎么办?

答:出现此情况有以下两种原因:

(1) 场站没有申报运抵报告。请您联系场站申报。

(2) 报关单中的船名、航次、提单号、集装箱号与场站申报的运抵报告比对不一致。请您联系场站确认相关运抵信息。

例 175. 我公司在申报报关单时,被数据中心退单,退单回执提示"没有申报权限,请办理现场授权",该怎么办?

答:这是由于申报地现场海关开启了现场授权的检查开关。请您联系申报地现场海关进行授权。

例 176. 我公司在申报报关单时,系统提示"报关员超范围报关",该怎么办?

答:请您检查是否本企业全部报关员卡都在报关时被退单,并出现该提示。如果是,说明该企业年审过期;如果只是单张卡报错,请联系海关查询该报关员证是否过期和是否允许异地报关。

第二节 快件管理

电子口岸快件管理系统将全国海关快件通关相关数据及时、准确地汇总在 H2010 系统平台上,对各项监管工作进行信息化、流程化、规范化管理。系统操作界面简单明了、通俗易用,通过简单的设定,即可实现快件企业备案管理、进出口舱单、进出口报关单的录入申报、查询统计、快件监管、系统参数调整等系统功能。

电子口岸快件系统有浏览器版和服务器（Server）版两类。

一、快件业务常用知识解析

例 177. 什么样的企业需要使用快件管理系统?

答：凡是经营国际快递业务的企业，都必须使用该系统，而只经营国内快递业务的企业则无须使用该系统。

例 178. 海关对快件货物申报时效有哪些要求?

答：（1）进境快件：自运输工具申报进境之日起 24 小时内，应当向海关申报；

（2）出境快件：在运输工具离境 3 小时之前，应当向海关申报。

二、系统安装及授权相关问题

例 179. 我要安装快件 2.1（Server）版管理系统，需做哪些准备工作?

答：（1）购买正版的 IBM MQ 软件；

（2）请您与当地数据分中心联系，获取快件管理电子口岸标准报文格式，并自行准备数据报文和回执的处理程序，包括打印 KJ1、KJ2、KJ3 单据和个人物品报关单的程序；

（3）由当地数据分中心协助您安装快件系统程序，并为您办理 MQ 传输配置申请手续。

> 小贴士 推荐使用 IBM MQ 5.3 版。

例 180. Server 版快件系统是否可与报关预录入系统共用服务器?

答：Server 版快件系统的服务器无法与报关预录入系统的服务器共用。

例 181. 我公司想增加快件管理权限，该如何办手续？

答：请您携带单位介绍信、法人卡、快件管理协议到当地数据中心制卡窗口办理。

三、系统操作常见问题

例 182. 使用服务器版快件申报系统，需要注意哪些问题？

答：（1）如果使用 Watch Key，则需要有 USB 接口的 PC 机；

（2）如果使用加密卡，则需要具有 PCI 扩展槽的 PC 机，而且必须使用固定 IP，且不能使用 ADSL 专线。

例 183. 快件系统单据的申报先后顺序是什么？

答：（1）快件进口：先申报舱单，收到海关入库回执后再申报进口报关单。

（2）快件出口：直接申报出口报关单。

例 184. 我们在进行打印操作时，每行均不能完全打印，该怎么办？

答：出现该问题可能是打印设置不正确。请您选择 A3 纸，横向打印。

例 185. 我们在进行打印操作时，页面上显示的验放指令是"数字不是汉字，即未经翻译"，该怎么办？

答：这是由于您电脑程序参数库没有更新。请您从中国电子口岸执法系统内下载最新的参数库，更新后即可恢复使用。

例 186. 我们在使用脱机版的快件管理程序时，当舱单或报关单数据上载后，重新修改分运单或报关单表体的某些数据并保存后，数据仍然没有修改，该怎么办？

答：这是由于您所使用的脱机版程序是旧版本。请您从中国电子口岸执法系统的"快件管理"中下载最新的版本。

> **小贴士** 下载程序时路径是可选的，因此要把程序下载到安装路径中，默认路径是 C:\Program Files\快件管理系统。

例187. 我公司在使用 Server 方式并用加密卡进行加密时，数据不能正常发送，查日志后显示"DeInit Card！G nCardInitFlag：1"等字样，该怎么办？

答：这是由于加密卡异常导致的，一般情况是接触不良。请您关机后重新插一次加密卡，再启动机器。

四、错误提示代码集锦

例188. 我公司在申报进口舱单或出口报关单后，系统提示"发送未返回"，该怎么办？

答：电子口岸发送的进口舱单或者出口报关单数据长时间收不到海关的入库回执，存在两种可能：

（1）企业申报的关区填写错误。请您自行检查；

（2）企业申报的关区是新上线的关区，该关区代码还未在电子口岸备案。

> **小贴士** 建议您联系当地数据分中心，向数据分中心发送传真申请添加新关区代码，并且致电数据中心客服热线 010－95198 填写工作处理单，由技术支持人员进行处理。

例189. 我公司在进行数据上载（申报）时，系统提示"此计算机上的安全设置禁止访问其他域上的数据源"，该怎么办？

答：这是由于您电脑中的 IE 浏览器设置导致的。解决方法如下：

（1）进入 IE 浏览器的"工具"并选择"Internet 选项"；

（2）进入"安全"并选择"Internet"，打开"自定义级别"；

（3）"自定义级别"中有一项是"通过域访问数据资源"，在此项中选择"启用"即可恢复。

例190. 我公司收到的退单回执中提示"无此企业信息",该怎么办?

答:这是由于企业备案信息存在问题,请您先联系申报地海关企管处查询企业备案信息。

(1)如果海关没有该企业备案信息,可能是因为您没有在申报地海关备案,请您联系申报地海关备案;

(2)如果海关有该企业备案信息,请您致电数据中心客服热线010-95198,由技术支持人员处理。

第三节 新舱单系统及运输工具动态管理系统

进出口舱单用于记录进出口货物流动的基础数据,是海关对进出口货物实施监管的有效依据。之前的旧舱单系统相对于审单作业系统而言,无论是系统功能,还是信息内容,都不够完善、统一,而且也尚未建立起全国统一的计算机系统,不能准确反映海关监管货物流动和滞留状态,达不到海关物流跟踪、监控的目的。为了配合海关总署对进出境运输工具舱单数据的规范管理,电子口岸按照"一点接入"的原则,开发了新舱单及运输工具动态管理系统(简称新舱单系统),新舱单系统实现了电子口岸、船代、货代、码头、堆场和地方海关之间的数据传输。

新舱单系统以通关舱单作为物流监控的主线,整合了运输工具动态申报、舱单核注核销、货物堆存、移动、分流、分拨、放行、进出卡口等整个物流链的信息,从而建立了以国际标准格式数据为基础的进出口舱单管理系统。

一、舱单相关业务常用知识解析

例191. 在海运进口舱单申报流程中,运输工具代理人(船代)、港

口（码头）、理货三方各需要涉及的申报环节都包括什么内容？

答：运输工具代理人（船代）在海运进口时所涉及的申报环节有：船舶备案、进境动态预报、原始舱单申报、抵港进境确报及船舶单据申报。

港口（码头）在海运进口时所涉及的申报环节有：船舶进境动态抵港、船舶移泊动态、海运分拨申请、海运分流申请及海运分流运抵报告。

理货在海运进口时所涉及的申报环节有：海运进口理货报告及二次理货。

二、新舱单系统使用申请及授权相关问题

例192. 我们是一家新舱单的企业，如何申请权限？

答：请您填写新舱单系统权限申请表并且加盖公章，然后由主管海关确认后转给数据分中心，作为授权依据。

例193. 什么样的企业可以使用自动导入功能，有自动导入权限的用户如何操作舱单业务？

答：数字化集成程度比较高的企业，可以使用自动导入功能。使用自动导入系统的企业需要将申报的数据自行整理成海关接受的报文（报文规范参考海关总署80、81号令），通过智能邮箱系统申报发往海关。具体操作方法参考《智能邮箱系统用户手册》（系统安装光盘内有）。

例194. 所有做舱单的企业都需要配置邮箱ID吗？其意义是什么？

答：所有需要申报舱单及运输工具动态数据的企业均须配置邮箱ID。邮箱ID是企业数据发送及接收海关回执的唯一节点标识，不配置邮箱ID，就不能申报数据及接收回执。

例195. 在新、旧系统录入舱单，是否都需要注册邮箱ID？

答：只有在新舱单系统录入舱单时才需要注册邮箱ID。邮箱ID注册申请系统如图3-3所示。

图 3-3

例 196. 我公司已有电子口岸 IC 卡，在使用新舱单系统时还需要重新制卡吗？如果不用重新制卡还需要进行哪些操作？

答：已经有卡的企业，可以免费申请一张 IKEY。如果您不想再次申请制卡，可以持已有的电子口岸 IC 卡至当地数据分中心，请工作人员直接为您分配邮箱 ID。

三、系统操作常见问题

例 197. 新舱单系统数据采集方式是什么？

答：您可以使用界面录入数据的方式向海关申报数据，系统同时还提供智能邮箱导入方式。

例 198. 新舱单系统的接入方式有哪几种？

答：新舱单系统的接入方式有电子口岸专网方式和互联网方式两种。

例 199. 运输工具动态系统中录入的数据如果有误，应如何进行修改？

答：运输工具动态系统可以重复申报数据，以最后一次申报的数据为准。

例200. 新舱单系统的参数字段注意事项有哪些？

答：部分字段可通过参数列表选择录入：输入空格或参数代码前几位（具体参见状态栏提示）可显示相应参数列表，用鼠标或键盘上下方向键进行选择；也可以输入完整代码，然后敲回车键完成录入。

对于地点类的参数字段（如卸货地代码、离境地海关代码等），可以直接录入参数列表中没有的代码，回车后录入框会变成浅黄色以提示用户，如用户确认此代码无误，可继续进行后续操作。

例201. 我公司在录入舱单时，A操作员卡录入的舱单信息，B操作员卡是否可以查到？

答：可以查到。操作员可以查看本企业所有舱单数据。

例202. 新舱单系统涉及的所有操作类型单据是否可以在该系统查询到回执？

答：可以，新舱单系统提供了回执查询功能。进入海关回执查询界面，选择单证类型，输入相应业务字段，点击"查询"即可。

例203. 我公司在新舱单系统中录入的数据出现错误，应如何进行修改？

答：在海关对该数据进行入库审核操作前，新舱单系统可以重复申报数据，在各单证的申报界面录入航次航班编号和运输工具代码（水运）可以调出数据进行修改。重新申报，以最后一次申报的数据为准。海关入库审核后，企业若需要修改原始舱单和预配舱单，还可在变更界面调出数据后修改申报，与申报界面的不同之处在于变更只向海关传输改变的内容；对于其他单证类型，海关入库审核后，企业若需要修改数据只能先申报对应的删除申请，待海关端接受删除申请后才能重新申报该票数据。

> 小贴士　变更或删除的原则是只填写需要变更或者删除的数据。

四、状态异常、错误提示集锦

例204. 我公司在申报舱单后，海关内网长时间收不到数据，该怎么办？

答：这是由于您的系统与海关之间的通讯服务故障所致。请您致电数据中心客服热线010-95198，由技术支持人员查询处理。

例205. 我公司在申报舱单后，系统提示"报文发送方式代码与舱单申报不一致"，该怎么办？

答：这是由于舱单传输入代码填写错误所致。舱单部分的舱单传输入代码字段需要填写海关备案号（海关代码＋公司组织机构代码）。

例206. 我公司在新舱单系统生成报文后，在传输平台点击"收发"时，系统提示"文件超过限制大小"，该怎么办？

答：因为海关系统要求压缩后的新舱单系统报文大小不能超过2M，请您重新处理舱单报文。

第四节　减免税管理

减免税是指依照我国的法律法规、政策规定等，给予进出口货物减征和免征关税（含进口调节税：增值税、消费税）的优惠措施。

您在进行征免税申请之前，须先向海关申请进行项目备案，包括项目的基本备案内容和设备及技术清单的内容，海关审核通过后，核发减免税备案登记表，您再凭备案登记表向海关进行征免税申请。

为了便于企业开展减免税申报业务，特开发减免税申报系统。该系统于2003年正式上线运行，实现了减免税项目备案申请及变更、征免税证明申请及数据查询的功能。

一、减免税业务常用知识解析

例 207. 进出口征免税证明申请分为哪三类?

答：分为以下三类：

(1) 无须备案申请，没有额度控制的证明申请，即一证一表；

(2) 有项目备案，受到额度限制但不需要技术清单的证明申请，即有备案无清单；

(3) 不但有项目备案，而且还受到备案中清单限制的征免税申请，即有备案有清单。项目备案申请的表体为该项目的设备清单信息，但是在实际的业务中，表体一般都不录入。

例 208. 项目备案是否可以变更?

答：减免税项目备案有效期一般为 20 年，项目备案可以做变更。

例 209. 征免税证明是否可以变更?

答：征免税证明（以下简称为免表）不能变更。减免税是指依照我国的法律法规、政策规定等，而给予进出口货物减征和免征关税（含进口调节税；增值税、消费税）的优惠措施。征免税证明一般有效期是半年，但不允许变更。

二、系统操作常见问题

例 210. 我公司在 QP 系统开展减免税业务，具体操作流程是什么?

答：(1) 请您用企业操作员卡登录中国电子口岸 QP 版预录入系统，选择减免税申报子系统；

(2) 操作员在电子口岸减免税申报系统中录入征免税备案申请各项，如图 3-4 所示，录完后点击"申报"，即实现向海关申报，等待海关审批；

图 3-4

（3）操作员对征免税备案进行查询，当查询到征免税备案的当前状态为"海关入库"时（任何状态下都可以打印），操作员可以打印"进出口货物征免税备案登记表"；

（4）操作员录入征免税证明申请表各项，如图 3-5 所示，录完后点击"申报"，即实现向海关申报，等待海关审批；

（5）操作员对征免税证明申请进行查询，当查询到征免税证明申请的当前状态为"海关入库"时（任何状态下都可以打印），操作员可以打印"进出口货物征免税证明申请表"；

（6）项目备案申请经海关审批通过后，如果您因故需要变更项目备案，在经过海关同意变更之后，可以通过本系统对该项目备案进行变更操作，变更操作的申报及打印流程同申报操作的申报及打印，如图 3-6 所示。

例211. 项目备案变更应该注意些什么？

答：（1）您须向海关做"变更登记"（一般应提交纸面材料）；

图 3-5

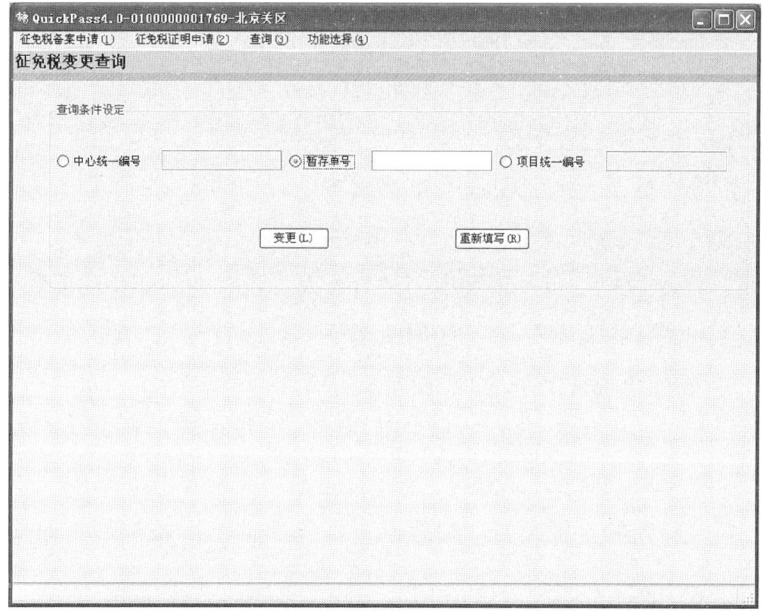

图 3-6

(2) 海关同意企业做变更后,通过电子口岸预录入系统向海关申报变更数据。原项目备案的数据状态必须是"海关审批通过",如果项目备案数据处于其他状态,在变更时录入"减免税项目统一编号"后就无法调出项目备案数据。

例212. 数据录入时出现黄色或红色录入框,如图3-7所示,该怎么办?

图3-7

答:(1)界面上出现红色警示框,表明您的该项录入违反了填制规范的相关要求,如不调整该项,您将无法正常申报该票数据;

(2)界面上出现黄色预警框,表明您的该项数据录入超出正常范围,可能有误,申报后可能会被海关退单,但系统允许该票单据申报。

例213. 减免税后续货物退运,免表录了三项,但是只退运一项,录入货物退运时输入免表号调用出三项,其他两项应如何删除?

答:您可以根据需要,在需要删除货物项目前的"选择"栏处打"√"来选择相应的货物,可调整"商品编码"和"数量"。其中"数量"不能超过原免表中相关商品申报数量;调整数量后,"原进口总价"将自

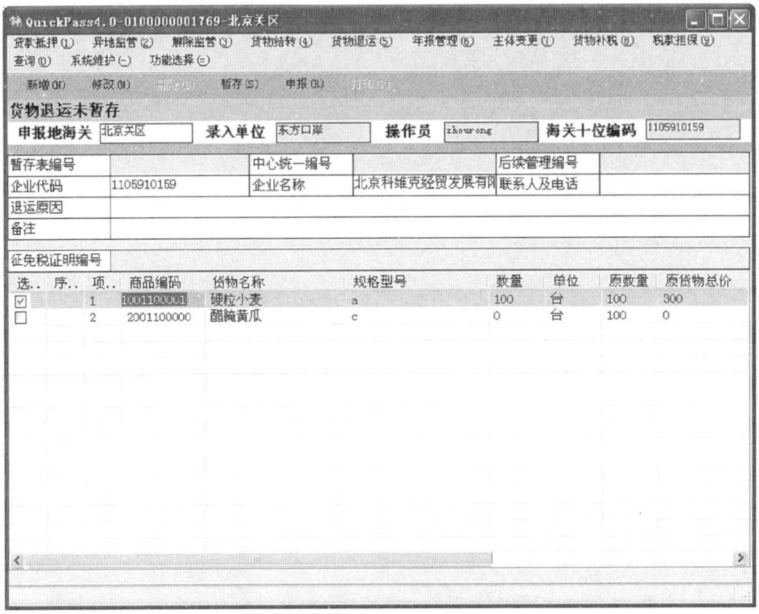

图 3-8

动随着数量的变化而变化，在"选择"处不打"√"或者在"数量"栏输入"0"，则表示不选择该商品，如图 3-8 所示。

例 214. 我公司的项目备案已经申报，但其数据项录入错误，该怎么办？

答：根据系统程序设定，数据申报后不能直接进行修改，请您联系海关做退单处理后，进行修改再申报，退单后不许删除数据重报（退单后数据可以删除）。

三、状态异常、错误提示集锦

例 215. 我公司进行项目备案或征免税证明申报后，发现"申报地海关"填写错误，该怎么办？

答：您不能找录错的海关做退单，因为该海关无法看到该票数据。请您联系当地数据分中心发送情况说明，加盖公章后传真至数据中心，由技术人员进行修改。

例216. 我公司录入报关单时，在备案号里输入免表号，回车后会自动下载免表数据，但是调出的合同号错误，该怎么办？

答：请您使用"备案数据下载"功能，重新下载备案数据，再重新录入报关单，此时调出的合同号应该是正确的。

例217. 我公司在进行项目备案和征免税证明的数据申报成功后，系统状态长时间停留在"入海关库"，该怎么办？

答：请您确认项目备案和征免税证明的海关审批情况：
（1）如果海关尚未审批，请您联系海关对此数据进行审批；
（2）如果海关已经审批，请您联系海关补发审批通过的回执。

例218. 我公司已成功下载项目备案，但在录入有备案无清单的减免税证明时，输入减免税项目统一编号后，无法自动调出减免税项目备案信息，该怎么办？

答：请您确认项目备案状态是否为"审批通过"，并做以下处理：
（1）如果是项目备案变更后海关还没有"审批通过"，则您须等"海关审批"通过后再录入免表；
（2）如果海关已审批通过，电子口岸预录入系统内显示单据状态不是"审批通过"状态，请您联系主管海关做应急处理，同步数据状态。

例219. 我公司在进行项目备案或免表申报后，海关端状态为"退单"，我们系统长时间停留在"海关审批通过"状态，该怎么办？

答：该问题一般是由于海关对该票单据做"审批通过"操作后又做"退单"操作所致。请您致电数据中心客服热线010-95198，由技术支持人员处理。

例220. 我公司在"数据查询"中查询出的数据当前状态和在"回执查询"中查询出的回执信息不一致，该怎么办？

答：应以"数据查询"中的当前状态为准。

例221. 我公司在做项目备案变更时，被海关以"变更次数大于允许变更次数"原因退单，该怎么办？

答：（1）如果此数据为最新下载数据，则该问题是由于您做变更的次数已经超过了海关允许变更的次数所致；

（2）具体退单原因需要咨询主管海关。

例222. 我公司的数据被退单，立项日期也不能修改，该怎么办？

答：立项日期不能修改，只能找海关做修改登记。

 小贴士 | 修改登记，是指海关关员直接修改海关端数据，当您遇到类似"不能修改"的提示时，该退单回执是由海关给出的，具体退单原因请您咨询海关。

例223. 我公司在做备案数据下载中下载项目备案或免表时，系统弹出提示框"插入失败"，该怎么办？

答：出现该提示时，请您致电数据中心客服热线010-95198，告知项目统一编号或征免税证明编号及提示发生步骤等信息，由技术人员处理。

例224. 我公司在做报关单退单时，系统提示"商品用汇额度超过项目备案剩余用汇额度"，该怎么办？

答：出现上述情况是由于剩余用汇额度不足。您可查询项目备案数据，如果商品用汇额度的确超过项目备案用汇额度，可联系主管海关减免税部门增加额度。

第五节 公自用物品系统

例225. 我公司在进行非居民长期旅客物品申请，退单提示"查找物品表失败"，该怎么办？

答：这是由于申报的物品商品编码有误所致。请您参照海关总署2007年第25号公告里行邮业系统物品表查找正确商品编码再进行申报。

例226. 我公司在进行非居民长期旅客物品申请，退单提示"提单号不存在"，怎么办？

答：这是由于航次号输入有误所致。请您根据海关要求录入全位数航次号。

第六节　新企管系统

海关企业管理作业系统，是以企业为单元构筑集海关企业管理作业与信息分析为一体的综合管理系统，是海关通关管理系统等其他业务系统的重要基础。电子口岸企业管理（新）系统作为海关企业管理作业系统的前端预录入系统，是海关开展企业管理、通关作业、实际监管以及后续管理的必要前提。

电子口岸企业管理（新）系统将分散的多个系统进行整合，实现统一界面、统一授权、统一登录，企业通过电子口岸企业管理（新）系统，可实现足不出户就完成企业注册登记、行政许可的申请、企业分类管理的申请、报关员注册登记以及查询海关审批结果等操作，彻底改变了企业多次往返海关递交材料的作业模式，给企业带来极大的便利。在方便企业的同时，本系统也协助海关规范企管作业流程，提高工作效率，防范执法风险，更好地为全国海关企业管理人员及60万余家注册企业提供服务。

在本系统的使用过程中，我们收集了几个常见问题，在此为您分析解读。

例227. 我公司在网上办事平台上申请变更注册信息中的投资关系表，点击"申请"后，系统提示"此状态不允许申报，请技术人员协助处理"，该怎么办？

答：在进行投资关系变更时，您应该同时变更企业信息表、投资关系表、管理人员表这3张表，而您只变更了其中1张表的数据，就点击了"申请"，造成系统报错。请您联系当地海关退单，收到退单回执后，变更3张表的数据，暂存后再点击"申请"。

例228. 我公司在进入新企管系统后，在企业注册登记页面内进行企业注销申请操作，输入海关编号后，系统提示"该企业信息已存在，并且其状态不允许进行企业注销申请"，该怎么办？

答：这是由于企业状态为"超期未换证"或"工商有效期超期"导致的，请您做新企业注册。

例229. 我公司在进行企业注册变更操作时，数据已经暂存成功，但在查询统计申请单查询界面中找不到暂存的数据。我们又重做企业注册变更操作，想重新暂存申报。点完"暂存"后，系统提示"服务器响应信息当前状态处于变更中不允许修改"，该怎么办？

答：请您使用第一次暂存数据的企业 IC 卡进入系统后再调用数据。

例230. 我公司在做报关员注册登记后，在做印卡操作的时候，无法查询到报关员卡的信息，在印卡失败里面也没有找到数据，该怎么办？

答：这是由于报关员卡里的数据统一编号与备案时的数据中心统一编号不一致导致的。请您致电数据中心客服热线 010 - 95198，由技术人员进行处理。

第四章　加工贸易项目常见问题

如果您是加工贸易型企业，那么请重点关注本章！电子口岸加工贸易应用项目主要包括 QP 平台下的电子账册、电子手册、无纸化手册、内销征税管理和深加工结转等子系统，您可以根据企业性质和业务需要申请相关应用系统权限。本章主要围绕上述子系统，从相关业务知识解析、系统操作常见问题及状态异常、数据报错提示等几个方面，解答您在使用加工贸易应用系统中可能会遇到的相关问题。

第一节　电子账册

电子账册联网监管系统是指以"海关严密监管、企业高效运作"为目标，以"海关监管系统、中国电子口岸和企业资源管理系统"为基础，海关对企业从电子账册备案、货物进出、中期核查、报核核销等实施全程式计算机联网管理，并与相关主管部门联网的网络系统，简称为电子账册系统。

2000 年 6 月，国务院正式下发《中华人民共和国海关对于出口加工区监管暂行办法》，在北京、深圳、天津等地设立了 15 个出口加工区的试点。

出口加工区电子账册系统实现了出口加工企业加工货物、进出区的设备及特殊监管区域物流货物的监管。

出口加工区电子账册包括加工账册（H 账册）和设备账册（HD 账册）。

一、电子账册业务常用知识解析

例231. 什么是账册报核？

答：账册报核实际只是一个数据核对的过程，电子账册系统在报核时不需要所有的料件都已生产成成品并出口，而是根据海关要求分时段报核（一般为半年），称之为"滚动核销"。

账册报核是利用报关单中的原始进出口数据与电子账册中实际的料件和成品的余量进行比对，若不一致，就需要企业给出解释，或到企业生产现场进行核查。账册报核分为分批报送、预报核、正式报核。

例232. 电子账册预报核与正式报核，分别都报些什么？

答：加贸联网监管电子账册的核销可分为预报核和正式报核两个步骤。

（1）预报核所需报送的数据，可分两种情况：

①如果没有进行过分批报送，则仅仅发送报核周期内的报关单数据；

②如果已经分批报送了报核周期内所有报关单，则预报核仅发送报核表头数据即可。

（2）正式报核，是根据海关监管要求发送报核料件、报核成品、核算料件、核算成品数据。

> 小贴士 │ 分批报送，是指部分企业因为数据量过大，在预报核之前提前向海关申报报关单数据的一种方式，但并不是每个企业都需要进行分批报核，在发送预报核数据前，可以根据海关的要求，结合自身情况进行选择。

例233. 中期核查的数据结构，包括哪几部分？

答：中期核查数据结构包括中期核查表头、中期核查料件和中期核查成品三个部分。

例 234. 归并关系数据结构，包括哪几部分？

答：归并关系数据结构包括归并关系表头、归并前料件、归并前成品、BOM 表、归并后料件和归并后成品六个部分数据。

💬 **小贴士** （1）归并关系需要您发送归并前和归并后两个报文，只发送一个报文无法入库；

（2）归并关系数据存放于数据中心（分中心）托管服务器，数据不向 H2000 系统进行转发，海关用中国电子口岸执法系统直接进行审批。

例 235. 电子账册系统中的报关单分批报送，是指什么？

答：电子账册系统中的报关单分批报送，是指您在预报核之前，多次向海关 H2000 电子账册核销系统发送的核销截止日期前已审结的进出口报关单。

分批报送的内容包括表头和报关单两部分数据。海关并未规定每家企业都必须进行分批报送，可以结合自身情况进行选择。

例 236. 在本核销周期内，进行预报核后，还能进行分批报送吗？

答：根据海关主管部门要求，此类情况下，不可以进行分批报送。

二、系统操作常见问题

例 237. 账册报核"表头"信息界面里面的"录入日期"是必填项吗？

答：是必填项，系统会自动返填当天日期，如图 4-1 所示。

例 238. 电子账册系统如何录入内销征税联系单？内销征税如何报关？

答：您在录入电子账册内销征税联系单前，先要下载账册数据，当出现"电子账册备案数据下载成功"的提示时，说明数据成功下载。然后您就可以录入内销征税联系单。联系单由海关审核通过后，即可报关。

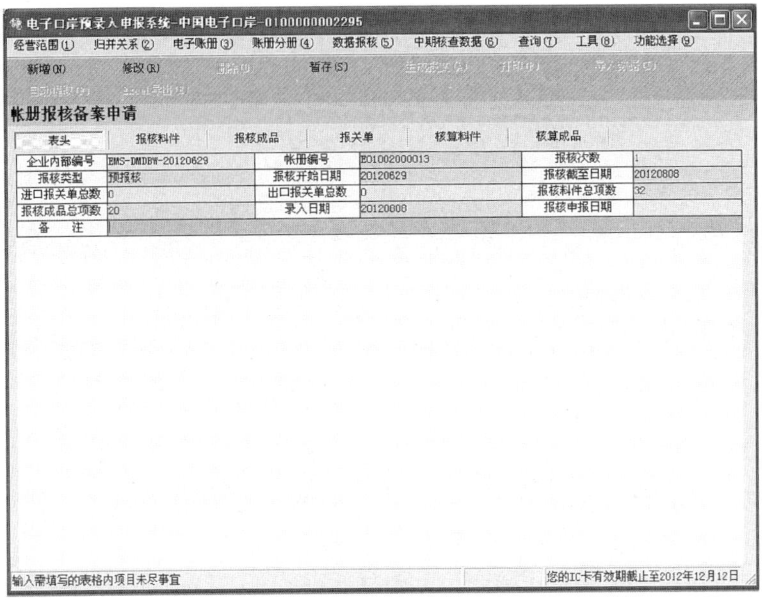

图 4-1

电子账册内销征税报关方法：请您直接进入报关单的录入界面，在备案号中输入电子账册编号，补充完报关单表头后，在备案序号中录入要内销的商品项，然后修改该商品的明细，同时录入单价数量等（注意和内销联系单保持一致）。随附单证选择加工贸易内销征税联系单，随附单证号录入内销征税联系单号，检查无误后向海关申报。

> **小贴士** 如果您使用电子口岸预录入系统4.0版及4.0改进版录入电子账册数据，则不需要进行备案数据下载。

例239. 经营单位在做企业间授权时输入报关公司的海关代码时提示"授权成功"，但是关掉页面后重新进入时却看不到授权信息，应如何处理？

答：此问题可能是由于企业账册内部编号字段有中文字符导致。

您可联系主管海关申请修改电子账册内部编号，再由数据分中心发送传真至数据中心申请修改电子口岸端相应数据；或者您也可直接致电数据中心客服热线，由账册管理对象单位出具情况说明并加盖公章，数据中心将安排技术人员进行处理。

三、数据变更相关问题

例240. 我公司做归并关系变更时，只变更了归并前数据，归并后数据不变，电子账册是否需要变更？

答：这种情况下不需要变更。

例241. 如何变更手册中的企业名称？

答：（1）请联系主管海关企管科重新备案，然后到制卡部门重新制卡；

（2）您还需要联系当地数据分中心，由数据分中心给数据中心发传真申请修改电子账册系统企业名称；

（3）数据中心完成数据修改后将联系您，您需要再次变更电子账册数据并申报数据至主管海关，然后联系海关进行审批。

四、状态异常、错误提示集锦

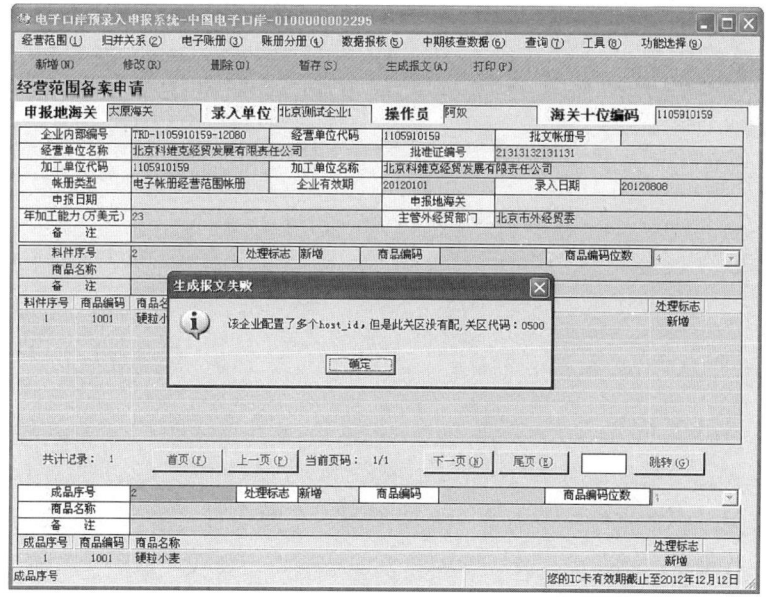

图 4-2

例242. 我公司在使用 QP 系统时，录入数据后，点击"生成报文"时报错"该企业配置了多个 host_id，但是此关区没有配"，如图 4-2 所示，应如何处理？

答：请您致电主管数据分中心，申请进行 MQ 配置。由数据分中心向数据中心提出 MQ 配置申请。

例243. 我公司做电子账册变更时，被海关退单，提示"海关已经收到账册变更预录入数据，无法接收初审数据"，应如何处理？

答：请您致电数据中心客服热线 010-95198，申请进行数据处理。

例244. 我公司做电子账册变更时提示"该卡无操作数据权限"（如图 4-3 所示），应如何处理？

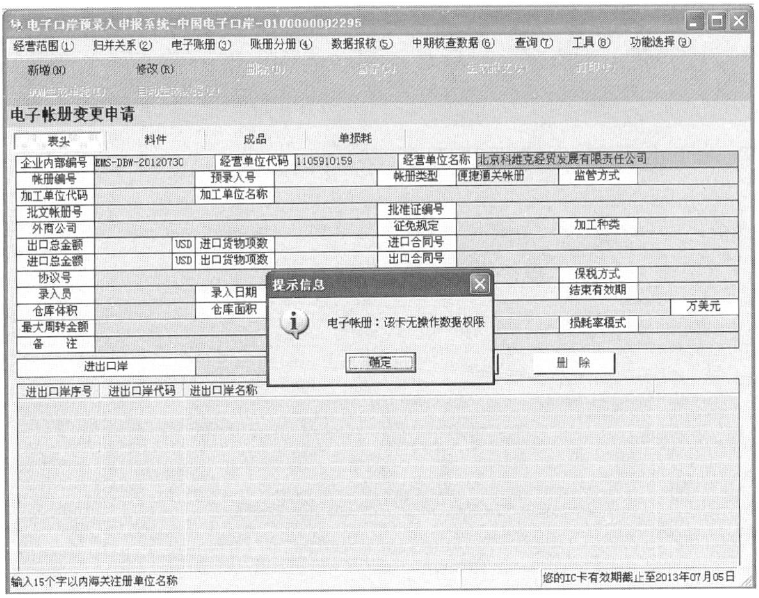

图 4-3

答：目前电子账册系统引入了权限控制和授权机制。账册管理对象可以授权报关行或者其他单位对本企业申报的电子账册进行查看、修改等操作。首先由管理对象用法人卡在加贸权限管理系统内为被授权单位进行企业间授权,然后使用被授权单位法人卡向本企业操作员卡进行企业内授权。

例245. 我公司做归并关系变更时被退单,提示"归并前(后)报文第 n 条数据长度不足,第 n+1 条发现未知数据标识",应如何处理?

答:这是因为您申报的数据内容有问题,"商品名称"字段后出现回车符。您录入"商品名称"的方式是从 Excel 文件复制、粘贴到录入界面的,Excel 单元格中带有的回车符也被复制过来。您只需手工重新录入,去掉回车符即可。

例246. 我公司在进行经营范围变更时,提示"该卡无操作数据权限"(如图4-4所示),应该怎么办?

答:请您确认经营范围备案已审批通过,且相对应的电子账册处于"审批通过"状态。如果相对应的电子账册已经审批通过,非管理对象操作员必须经过加贸授权后才可以进行经营范围的变更。

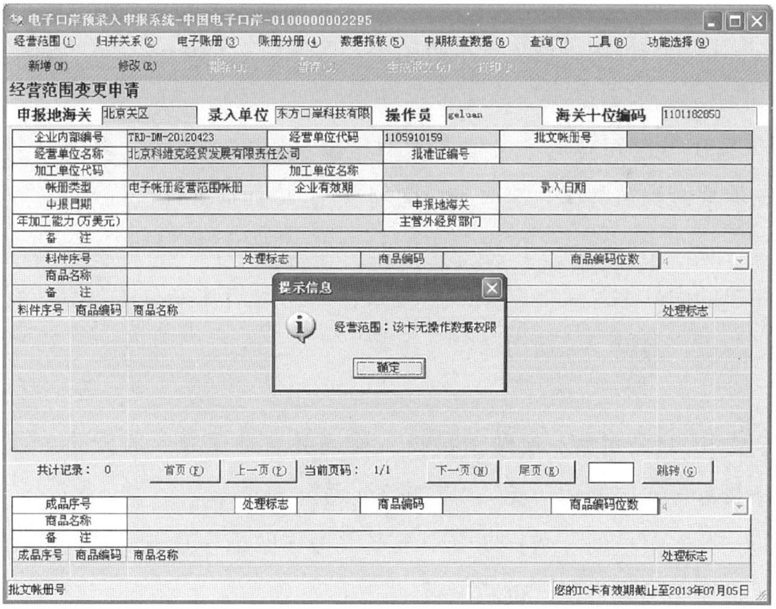

图4-4

例247. 我公司进行归并关系变更时被退单,提示"归并前货号××

×项,无对应归并后×××项,在归并成品中无备案",应该怎么办?

答:请您按照回执提示,增加归并成品数据,再重新申报归并关系变更数据。

例 248. 我在做报文发送后被退单,提示"验签失败,请与数据中心联系",该怎么办?

答:出现该问题,可能是由于以下原因所致:

(1) 可能是因为您修改了 IKEY 信息,如操作员名称、企业名称等,这种情况须在数据中心重新配置,请您联系当地数据分中心发送 MQ 配置申请表到数据中心。

(2) 可能是因为您的电脑系统注册表信息有误。请确认您的电脑注册表变量 "HKEY_LOCAL_MACHINE \ SOFTWARE \ eport \ 报关行版 \ Ems3 \ SendRecv \ " 中,RunType 的值是否与实际的运行环境一致,根据系统规定,"OFFICIAL"表示正式运行环境,"TEST"表示测试运行环境,如不正确,应进行相应调整。

如问题仍然出现,请您致电数据中心客服热线 010 – 95198 咨询。

例 249. 我公司做电子账册备案时被海关退单,提示"账册已复审通过,无法接收初审数据,请检查内部编号",应如何处理?

答:企业用的账册内部编号不能与经营范围内部编号相同。请您更改备案账册的内部编号。如已做归并关系备案,则归并关系也要重新修改内部编号备案,与电子账册内部编号一致。

例 250. 我公司第一次做预报核,被海关自动退单,原因是"报核日期大于最后一次报核后一天",应如何处理?

答:此次报核的开始日期应晚于上次报核的结束日期。请您修改预报核开始日期和结束日期,重新申报。

 小贴士 填写的结束日期应比周期至少提前一天。

例251. 我公司使用 QP 系统，电子账册预报核进行报关单自动提取时出错，提示"连接服务器失败"，并出现部分 HTML 信息，应如何处理？

答：此问题多是由于您所需提取的报关单数量较多，因此系统在查询报关单库时会产生异常。如遇此类问题，请与数据中心客服热线 010 - 95198 联系。

例252. 我公司进行报核时，在 H2000 系统中提示"入库失败"，原因是报核的报关单号有重复，怎么办?

答：请您检查本次报核账册表体中的报关单数据，修改重复的报关单号后重新报核。

第二节　电子手册

第二代加工贸易联网监管系统（又称电子手册系统）主要面向中小型加工贸易企业，以加工贸易合同管理为基础，允许一个企业同时存在多本电子手册，兼备电子账册联网监管的应用优势。

企业可通过该系统向海关申报前期备案、中期通关（中期核查）及后期报核数据，海关对应进行前期备案审批、中期通关（中期核查）和后期核销等操作。

一、备案相关问题

例253. 什么是电子手册系统通关备案、物料备案与合同备案？三者之间有何关系？

答：（1）三者的概念区分如下：

①合同备案是企业对商务部门审批通过的加工贸易合同数据向海关进行备案；

②通关备案是企业针对此合同，向海关申报实际进口料件和实际出口成品及其真实单耗等数据；

③物料备案相当于企业将本企业实际生产中所涉及的全部物料数据向

海关备案。

（2）三者的关系如下：

①通关备案的表头数据除进出口总额外与合同备案表头数据完全一致，通关备案的料件和成品须一定在合同备案范围之内；

②物料备案审批通过后，企业进行通关备案时的料件和成品数据则可直接从物料备案中调出。因为物料备案相当于企业的物料字典，因此一个企业只需要一份物料备案。

例 254. 我公司进行合同备案时，可否将商品编码前 4 位一致的数据，备案成一条经营范围数据？

答：不能。因为企业用户进行电子手册合同备案时，要求 10 位商品编码一致才能备案为一项。

二、系统操作常见问题

例 255. 电子手册内销征税申请表录入需注意什么？

答：（1）电子手册不需要下载，直接进入内销征税系统进行申请表备案即可；

（2）当录入内销征税申报单的内销种类为边角料内销时，表体录入应根据此边角料所消耗的商品来选择项数，且此项边角料备案的数量不能超过此项商品在手册中的备案数量。

例 256. 数据报核界面中"导入"按钮的作用是什么？

答：数据报核界面中"导入"按钮的作用是在进行手册报核时，将该手册下已审结的报关单数据导入报核报关单表中。

例 257. 我公司进行清单申报后，为何在清单查询中其状态仍然为"暂存未上载"？

答：不用担心！清单申报后，只要已生成清单编号，即表明该清单已经成功申报，即可进行下一步报关单操作。

例258. 我公司对某项数据进行修改后，点击"暂存"按钮，系统已提示"成功保存"，为何该数据仍会恢复到修改前状态？

答：您在修改某项表头数据时，点击"暂存"按钮即可保存成功；但修改表体数据时，必须在修改项表体的最后一个字段按回车键，再点击"暂存"按钮，系统才可将修改数据成功保存。

三、状态异常、错误提示集锦

例259. 我公司录入数据完毕暂存时，系统弹出提示框"无法连接企业信息数据库"，该怎么办？

答：这是由于您没有在电子口岸配置数据库信息所致。请您联系当地数据分中心发送配置申请表。

例260. 我公司进行通关备案录入时，点击"调用归并"按钮，为何提示"通关备案中包含手工输入数据，不许调用归并关系"？

答：出现此情况，是因为您已经在"通关备案料件表/成品表"中手工录入了料件/成品信息。如需要调用归并，须将手工录入的料件/成品信息进行删除并暂存后，再点击"调用归并"按钮。

例261. 我公司操作物料备案/归并关系备案/BOM备案申报后，为何一直处于"数据申报成功"状态？

答：企业申报物料备案/归并关系备案/BOM表备案后，只要处于"数据申报成功"状态，就表明该数据已成功申报。根据系统程序设定，物料和归并本来就没有回执，显示申报成功后，海关此时即可在电子手册海关端进行备案审批。

例262. 物料备案、合同备案及通关备案海关审批通过后，为何企业在数据查询中查看不到该备案信息？

答：出现此问题，是因为备案申报时所用的操作员卡不是该备案管理对象的操作员卡。

物料备案、合同备案及通关备案在海关审批通过后，其管理对象随即生效。因此，只有管理对象的操作员卡才能查询到该备案的信息。

例263. 海关审批物料备案时，提示"审批失败，无法连接企业信息数据库"？

答：出现此问题是由于您在未申请进行电子手册配置的情况下就申报了物料备案数据，因此您必须联系当地数据分中心申请进行电子手册配置，配置完成后再申报物料备案。

例264. 我公司进行电子手册清单成功申报后，为何在报关申报系统单据查询界面中查询不到该清单所生成的报关单？

答：出现此情况，一般是因为单据查询时所选择的报关单类型与清单中的报关类型不一致，请您进行核实。

例265. 我公司进行清单查询时，已选择查询"全部数据"，为何仍提示"无法查询：无可用的电子手册备案数据"？

答：请您在清单查询界面的备案编号栏中，输入该清单所对应的电子手册编号进行查询。

例266. 电子手册在海关审批通过后，不能正常授权，点击"保存"时报错"用户签名失败"，该怎么办？

答：请您检查手册内部编号是否有非法字符，如汉字、空格、@、#、￥、%、*和全角英文等，内部编号应由数字和英文组成；同时保证电子口岸IC卡正确连接。

第三节　无纸化手册

纸质手册电子化系统（也称无纸化手册系统）是在加工贸易手册备案、通关和核销结案等环节采用电子手册取代纸质手册，并通过与其他部委的联网逐步取消其他纸质单证作业,实现纸质手册电子化,最终实现"电子申报、网上备案、无纸通关、无纸报核"。

企业通过该系统向海关申报前期备案、中期通关及后期报核等数据,海关对应进行前期备案审批、中期通关和后期核销等操作。

一、系统操作常见问题

例267. 无纸化手册系统的主体操作流程是什么?

答:(1)备案资料库:包括加工贸易企业所有料件、成品的信息。海关审批通过后,返回备案资料库编号。此过程如图4-5至图4-8所示。

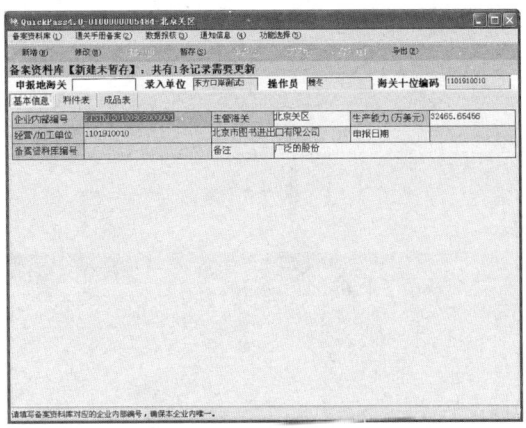

图4-5

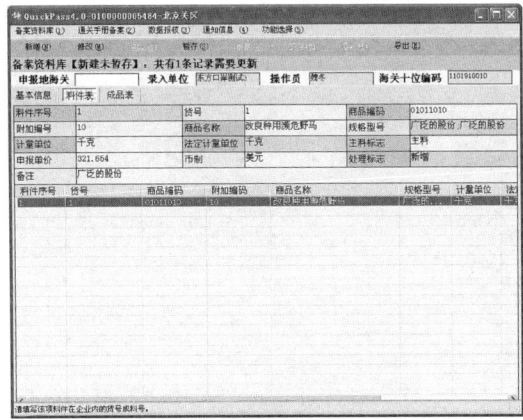

图4-6

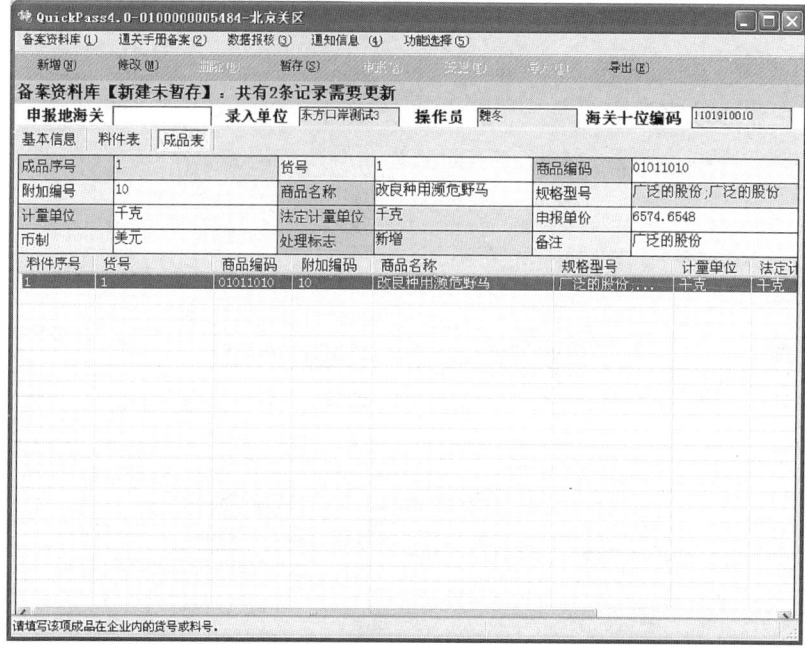

图 4-7

图 4-8

第四章
加工贸易项目常见问题

（2）通关手册：录入及申报通关手册表头、表体（表体的录入需要调用备案资料库数据）。海关审批通过后，返回通关手册编号。此过程如图4-9至图4-13所示。

图4-9

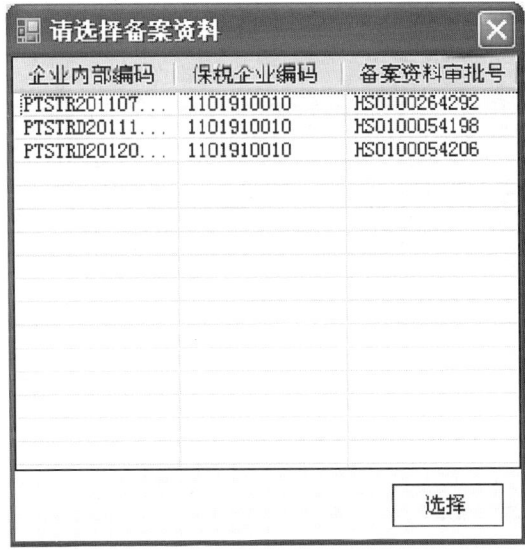

图4-10

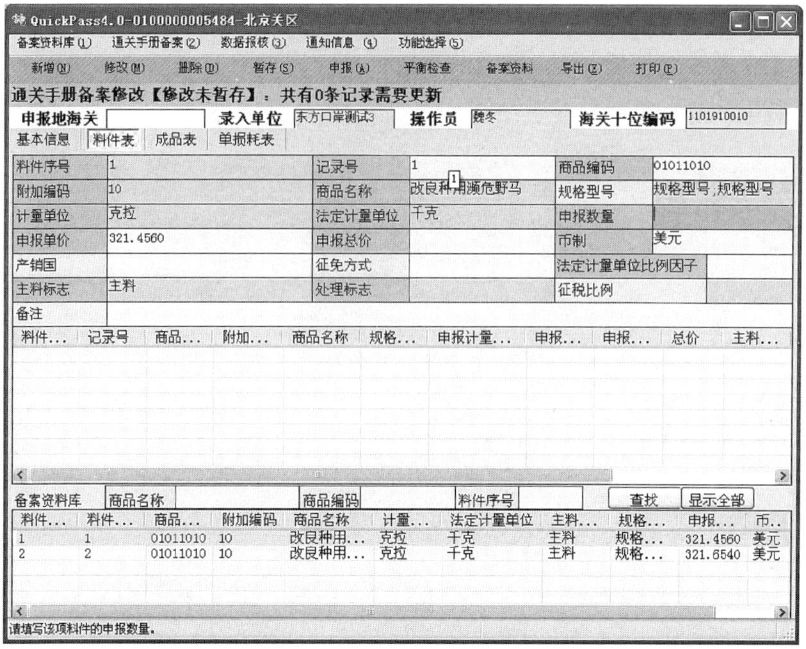
QuickPass4.0-0100000005484-北京关区
备案资料库(L) 通关手册备案(2) 数据报核(3) 通知信息 (4) 功能选择(5)
新增(N) 修改(M) 删除(D) 暂存(S) 申报(A) 平衡检查 备案资料 导出(E) 打印(P)
通关手册备案修改【修改未暂存】：共有0条记录需要更新
申报地海关
录入单位 东方口岸测试3
操作员 魏冬
海关十位编码 1101910010
基本信息 料件表 成品表 单损耗表
料件序号 1
记录号 1
商品编码 01011010
附加编码 10
商品名称
规格型号 规格型号,规格型号
计量单位 克拉
法定计量单位 千克
申报数量
申报单价 321.4560
申报总价
币制 美元
产销国
征免方式
法定计量单位比例因子
主料标志 主料
处理标志
征税比例
备注
料件... 记录号 商品... 附加... 商品名称 规格... 申报计量... 申报... 申报... 总价 主料...
备案资料库 商品名称 商品编码 料件序号 查找 显示全部
料件... 料件... 商品... 附加编码 商品名称 计量... 法定计量单位 主料... 规格... 申报... 币..
1 1 01011010 10 改良种用... 克拉 千克 主料 规格... 321.4560 美元
2 2 01011010 10 改良种用... 克拉 千克 主料 规格... 321.6540 美元
请填写该项料件的申报数量。

图 4－11

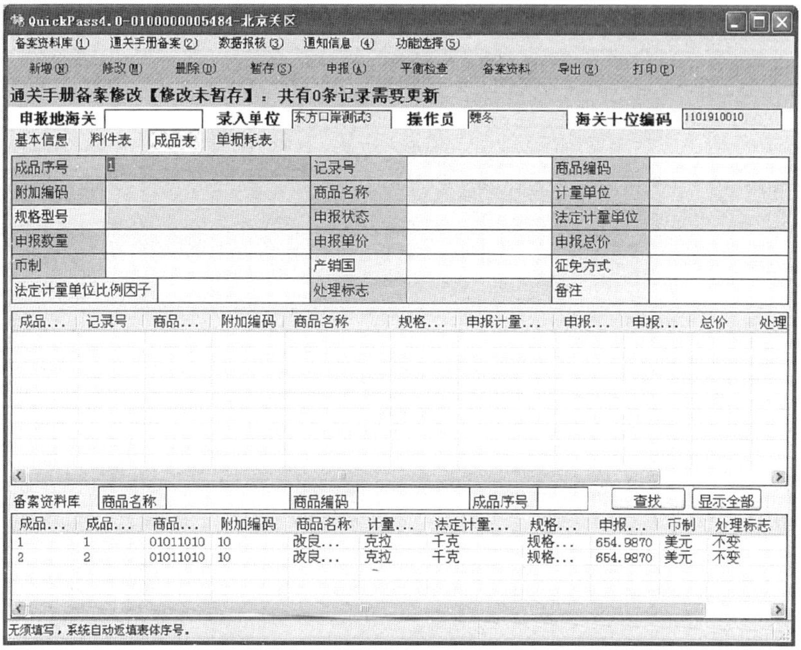
QuickPass4.0-0100000005484-北京关区
备案资料库(L) 通关手册备案(2) 数据报核(3) 通知信息 (4) 功能选择(5)
新增(N) 修改(M) 删除(D) 暂存(S) 申报(A) 平衡检查 备案资料 导出(E) 打印(P)
通关手册备案修改【修改未暂存】：共有0条记录需要更新
申报地海关
录入单位 东方口岸测试3
操作员 魏冬
海关十位编码 1101910010
基本信息 料件表 成品表 单损耗表
成品序号
记录号
商品编码
附加编码
商品名称
计量单位
规格型号
申报状态
法定计量单位
申报数量
申报单价
申报总价
币制
产销国
征免方式
法定计量单位比例因子
处理标志
备注
成品... 记录号 商品... 附加编码 商品名称 规格... 申报计量... 申报... 申报... 总价 处理
备案资料库 商品名称 商品编码 成品序号 查找 显示全部
成品... 成品... 商品... 附加编码 商品名称 计量... 法定计量... 规格... 申报... 币制 处理标志
1 1 01011010 10 改良... 克拉 千克 规格... 654.9870 美元 不变
2 2 01011010 10 改良... 克拉 千克 规格... 654.9870 美元 不变
无须填写，系统自动返填表体序号。

图 4－12

第四章
加工贸易项目常见问题

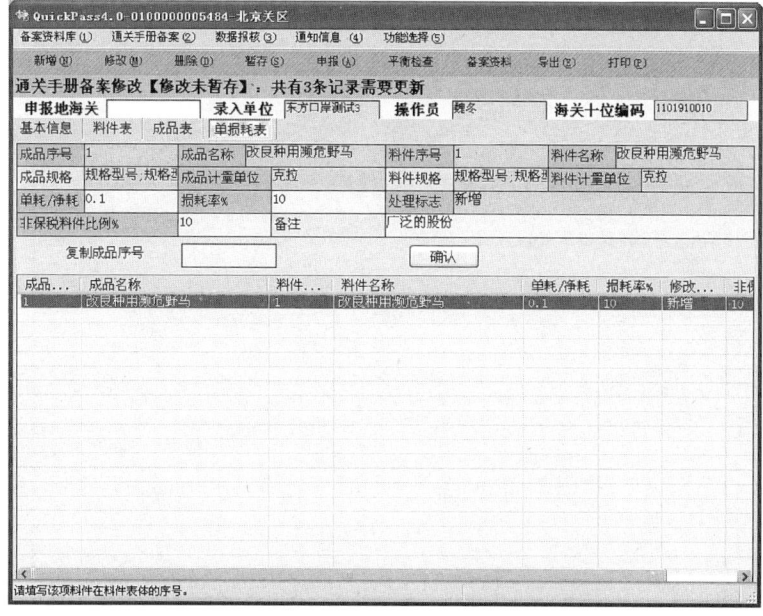

图 4 – 13

（3）通关：您在报关申报系统中录入报关单，向海关申报，同现有报关单流程。此过程如图 4 – 14 所示。

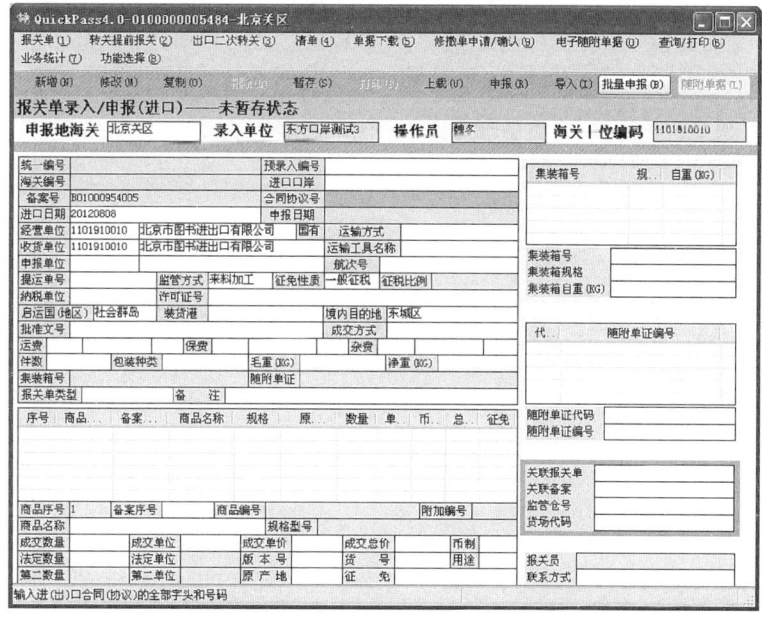

图 4 – 14

(4) 数据报核：您的加工贸易合同完成后，通过无纸化手册的数据报核界面，向海关进行手册的报核。数据报核、海关核算并结案后，该手册结束。此过程如图 4-15 至图 4-20 所示。

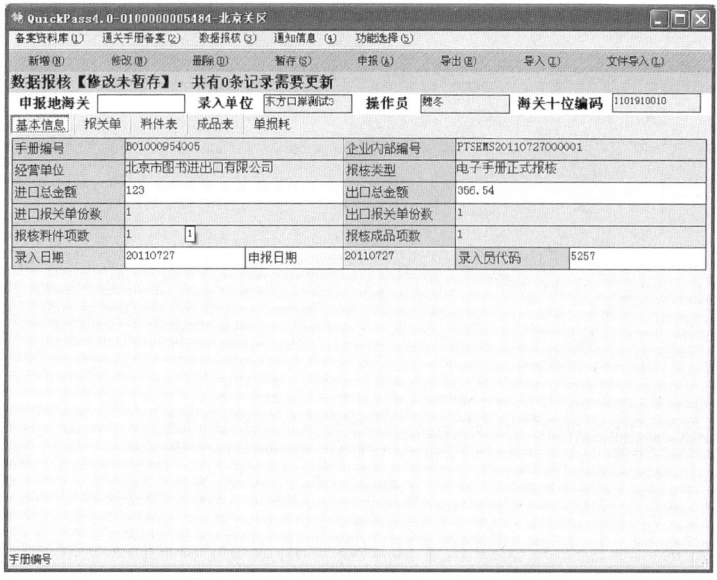

图 4-15

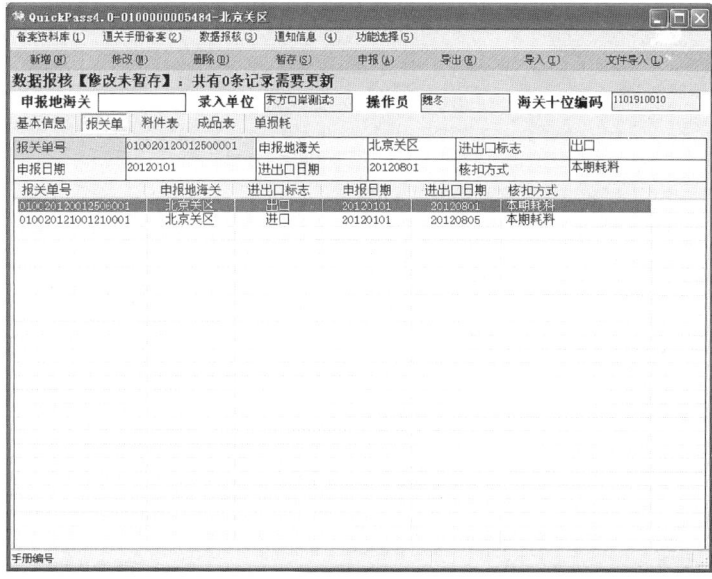

图 4-16

第四章
加工贸易项目常见问题

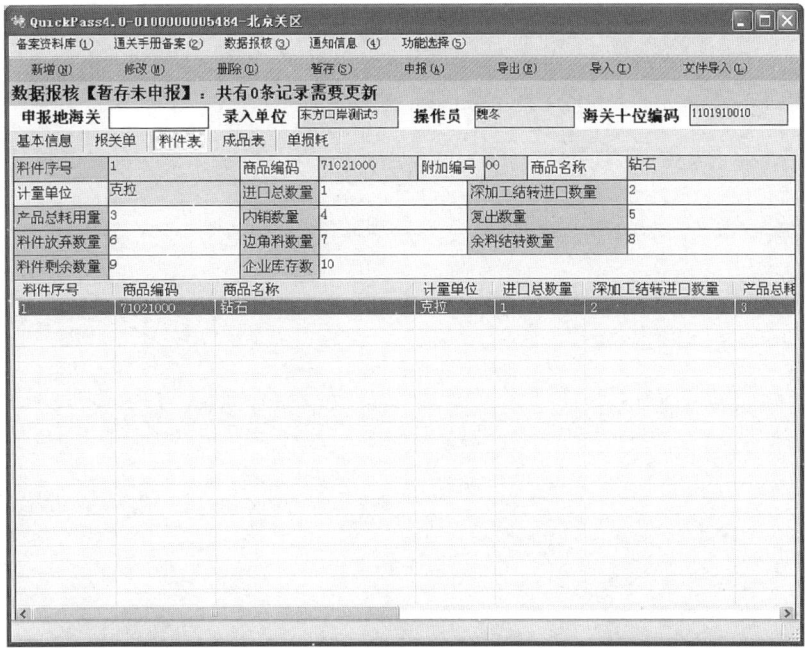

图 4-17

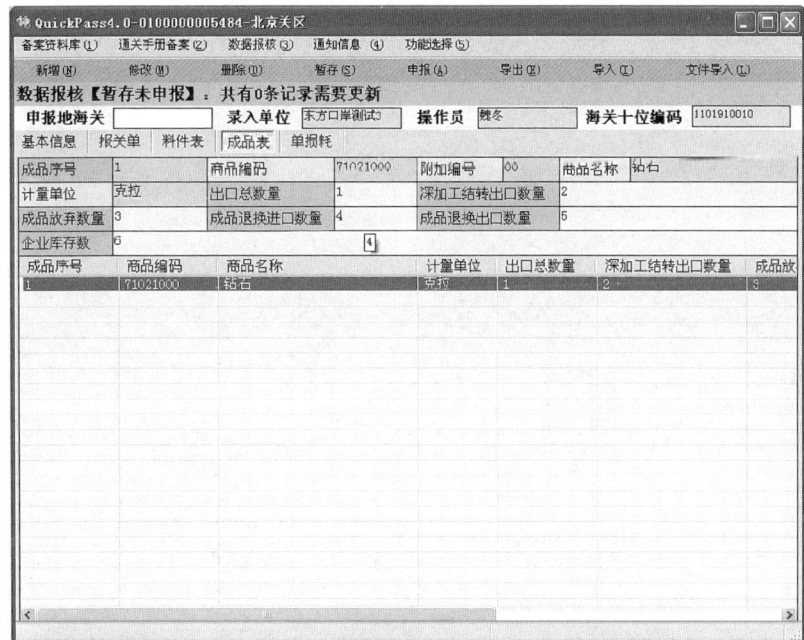

图 4-18

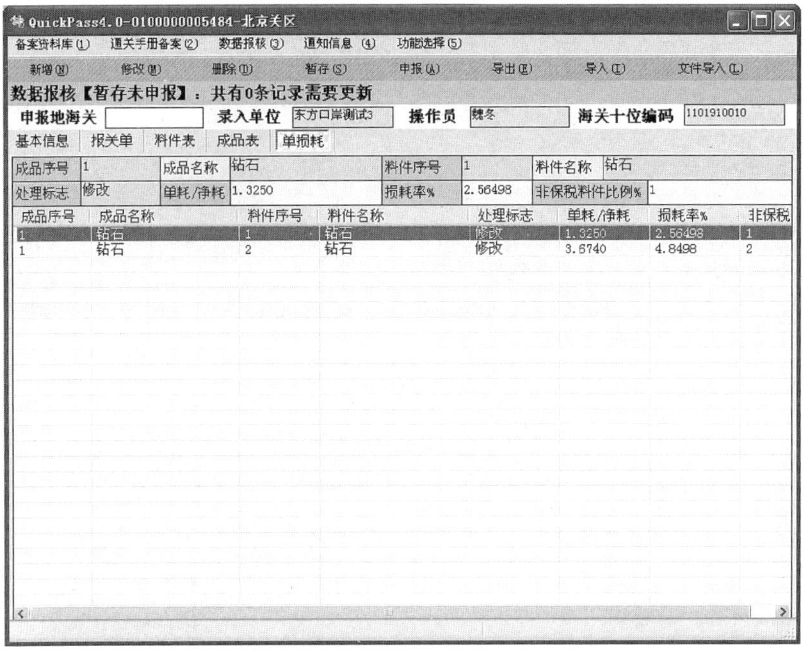
QuickPass4.0-0100000005484-北京关区
备案资料库(1) 通关手册备案(2) 数据报核(3) 通知信息 (4) 功能选择(5)
新增(N) 修改(M) 删除(D) 暂存(S) 申报(A) 导出(E) 导入(I) 文件导入(L)
数据报核【暂存未申报】：共有0条记录需要更新
申报地海关
录入单位 东方口岸测试3
操作员 魏冬
海关十位编码 1101910010
基本信息 报关单 料件表 成品表 单损耗
成品序号 1 成品名称 钻石 料件序号 1 料件名称 钻石
处理标志 修改 单耗/净耗 1.3250 损耗率% 2.56498 非保税料件比例% 1
成品序号 成品名称 料件序号 料件名称 处理标志 单耗/净耗 损耗率% 非保税
1 钻石 1 钻石 修改 1.3250 2.56498 1
1 钻石 2 钻石 修改 3.6740 4.8498 2

图 4－19

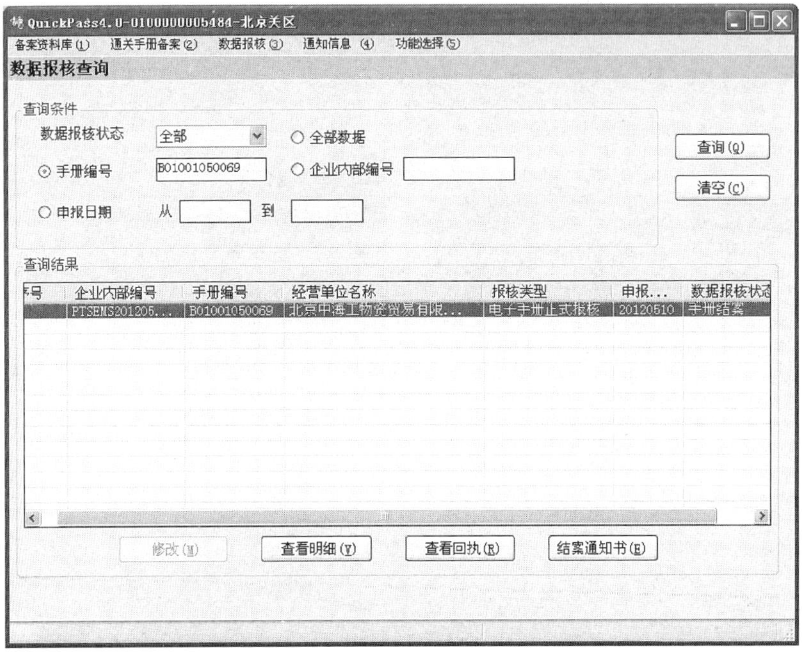
QuickPass4.0-0100000005484-北京关区
备案资料库(1) 通关手册备案(2) 数据报核(3) 通知信息 (4) 功能选择(5)
数据报核查询
查询条件
数据报核状态 全部
全部数据
手册编号 B01001050069
企业内部编号
申报日期 从 到
查询(Q)
清空(C)
查询结果
序号 企业内部编号 手册编号 经营单位名称 报核类型 申报... 数据报核状态
PTSEMS201205... B01001050069 北京中海工物资贸易有限... 电子手册正式报核 20120510 手册结案
修改(M) 查看明细(Y) 查看回执(R) 结案通知书(E)

图 4－20

第四章 加工贸易项目常见问题

例268. 调用备案资料库的操作流程是什么？

答：表头各项基本信息录入完毕，将光标置于表头备注栏后敲回车键，点击"暂存"，然后在 通关手册备案界面按钮栏上点击"备案资料"按钮，如图4-21所示。

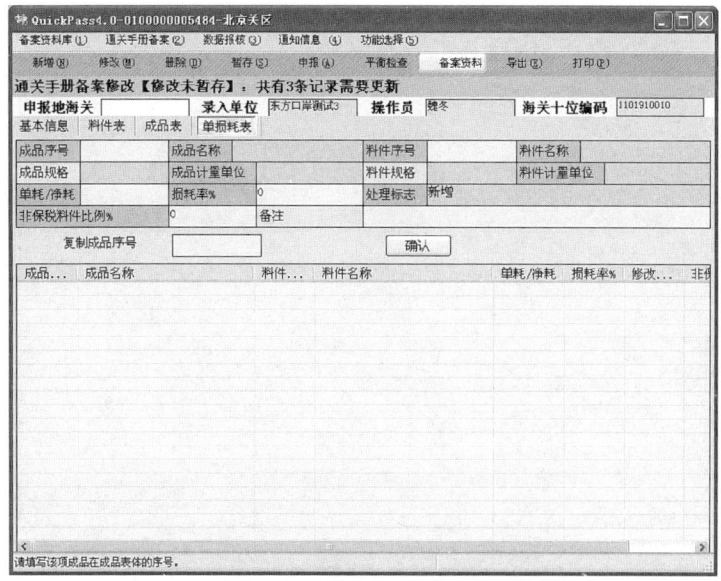

图 4-21

（1）如果您只有一个备案资料库，则该资料库中的所有料件和成品将自动添加至料件和成品表下方的备案资料表中。

图 4-22

(2) 如果您有多个备案资料库，则会弹出已审批通过的备案资料库列表供用户选择，如图4-22所示。手册中的料件和成品必须从备案资料库中调出，再补录其他部分。此过程如图4-23至图4-24所示。

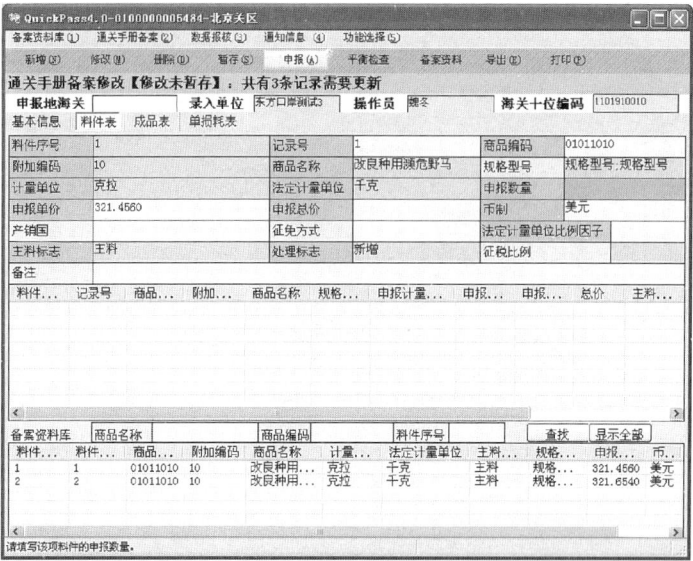

图 4-23

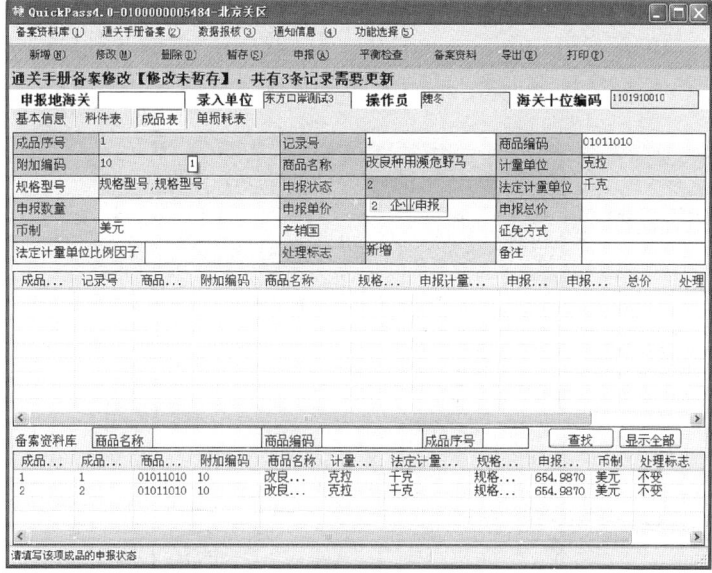

图 4-24

例 269. 料件/成品表的录入流程是什么？

答：料件/成品表中的料件/成品序号和处理标志部分由系统自动生成。

附加编号、商品名称、申报计量单位、法定计量单位在输入商品编号后由系统自动调出，您可以对其进行修改。您也可先输入商品名称，调出相应的附加编码、商品编号、申报计量单位、法定计量单位。此过程如图 4-25 至图 4-27 所示。

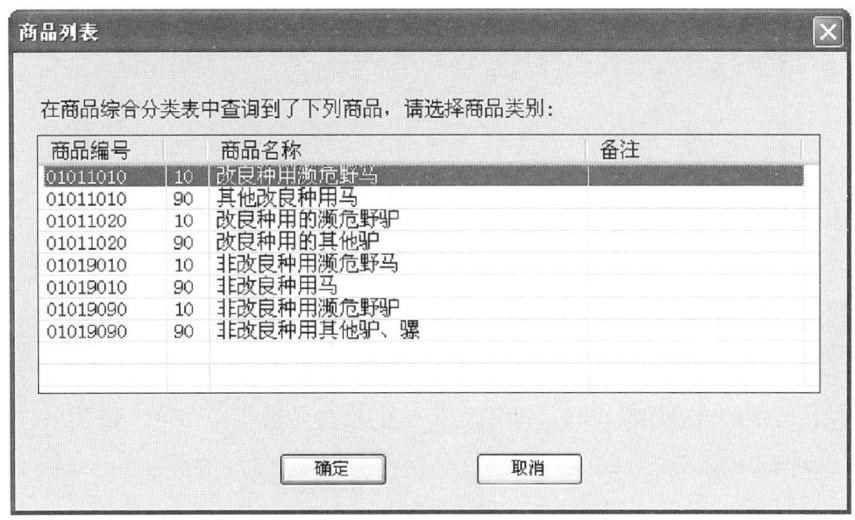

图 4-25

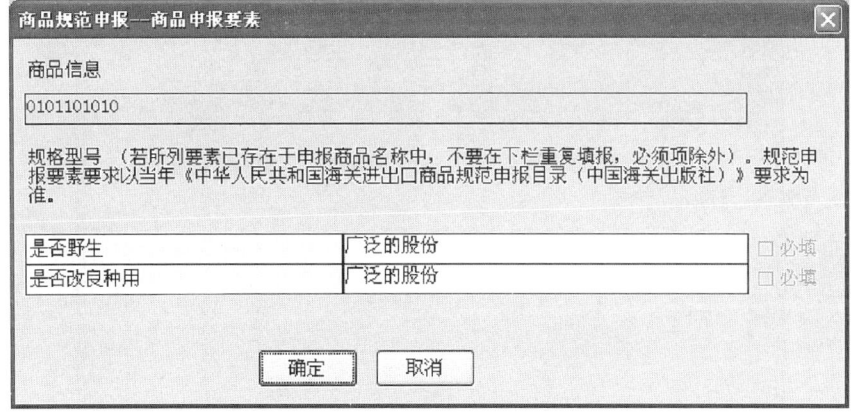

图 4-26

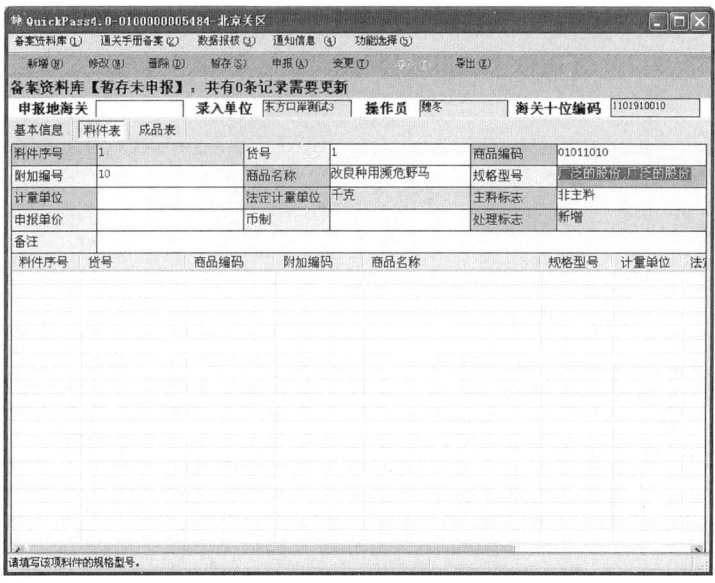

图 4-27

例 270. 数据报核报关单录入流程是什么?

答:您可手工录入需要报核的报关单信息,也可点击按钮栏上的"导入"按钮,系统可自动提取出该手册需要报核的报关单数据,并填入报关单表体中,如图 4-28 所示。

图 4-28

您也可从报关单表体中用鼠标右键点击列表中的报关单,选择"删除一条记录",将此份报关单数据删除,如图4-29所示。

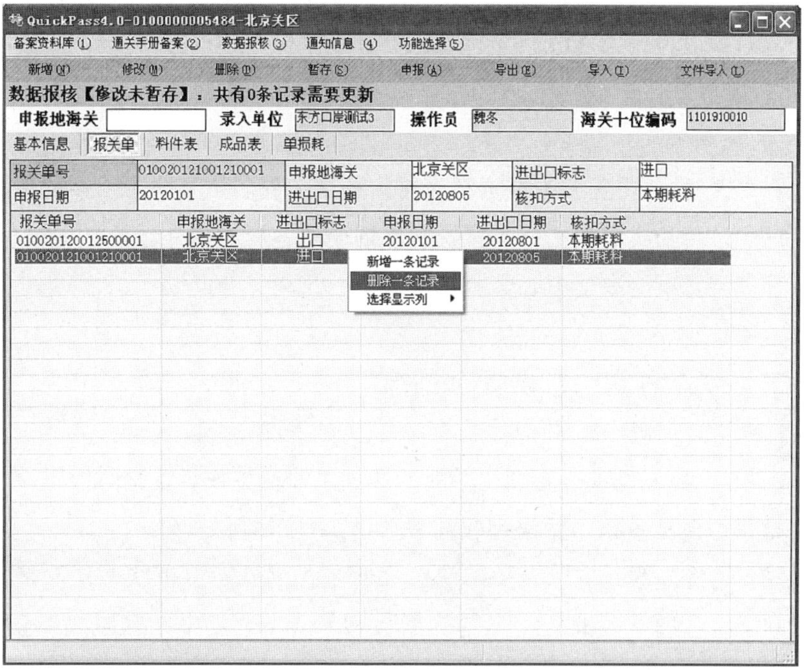

图4-29

二、数据变更相关问题

例271. 我公司进行备案资料库变更时,发现"计量单位"这一项之前可修改,但现在为灰色,且不可修改。应如何处理?

答:当备案资料库状态为"退单"或"暂存"时,您需要先查找到备案资料库,点击界面上的"修改"按钮,才能对内容进行更改。

当状态为"审批通过"时,您也需要查找到备案资料库后,点击"变更"按钮,才能对内容进行更改。

例272. 我公司进行通关手册备案或变更时,原先共备案了20项成品,但登录预录入系统4.0查看,发现成品第10项之后的数据都看不到了,手册当前状态为"审批通过"，应如何处理？

答：请您与主管海关联系确认该手册内成品条目数量，如果与预录入系统4.0显示一致，则企业变更该手册，增加剩余成品再次申报；如果与预录入系统4.0显示数量不一致，则请您致电数据中心客服热线010-95198，申请进行技术处理。

例273. 我公司查看备案资料库时，在查询列表里有两条一样的备案资料库记录，而且我们无法做备案资料库的变更，应如何处理？

答：请您致电数据中心客服热线010-95198，申请进行技术处理。

三、状态异常、错误提示集锦

例274. 我公司进行无纸化手册的通关手册变更或者备案时被退单，提示"电子手册正审核，无法接收初审数据"，应如何处理？

答：请您先联系主管海关确认该手册是否仍处于待审状态，如是待审状态则请海关进行审批；如不是待审状态，请与数据中心客服热线010-95198联系，申请进行技术处理。

例275. 我公司进行通关手册备案或变更时，发送数据后企业端显示"成功入海关库"，企业与海关确认已经审批通过了，应如何处理？

答：如海关刚刚审批通过，请您耐心等待。如长时间仍未收到海关回执，请您与数据中心客服热线010-95198联系，申请进行技术处理。

例276. 我公司操作通关手册备案或变更时，系统显示状态为"退单"。现在企业修改信息后发现，处理标志为修改状态，应该为新增，应如何处理？

答：请您与数据中心客服热线010-95198联系，申请进行技术处理。

例277. 我公司进行通关手册变更时，发送后被退单，提示"超出备案资料库"。我们查询到调出的资料库不是本企业的，应如何处理？

答：请您将正确的备案资料库号码、企业海关10位编码、手册内部编号、手册号提供至数据中心，由技术人员进行处理。

例278. 我公司进行通关手册备案或者变更时，发现状态一直是"成功入海关库，联系海关"，但海关看不到企业信息，应如何处理？

答：请您与该电子手册的主管海关联系，由主管海关联系海关总署信息中心，确认手册的状态。

例279. 通过手册变更，在暂存时提示错误，内容为"PRE_PTS_EMS_HEAD：0：DECLARE_CODE：数据越界（10）"，应如何处理？

答：这是因为您企业的海关10位编码处于双号并存状态，造成暂存报错。请您前往当地数据分中心制卡窗口，将暂不使用的海关编码删除后再次操作（该海关编码在需要的时候可再添加）。

例280. 我公司进行备案资料库变更时，新增加第5项料件，申报后被退单。退单提示"数据已存在，不允许变更"，应如何处理？

答：请您联系主管海关查询在海关系统内该备案资料库料件是否存在，如存在，请您联系数据中心客服热线010-95198，申请进行技术处理。

例281. 我公司进行通关手册备案或者变更时，企业端显示状态为"入数据中心库失败，数据中心处理结果，当前接收不符合逻辑"，应如何处理？

答：此问题多是因为您在上次申报数据海关尚未审批时又再次申报数据。请您联系数据中心客服热线010-95198，申请进行技术处理。

第四节　内销征税管理

加工贸易内销征税管理系统以加工贸易企业已备案的加工贸易手册、电子账册、电子手册为数据基础，通过手工录入或全自动导入方式方便、高效地调取企业手册（账册）中已备案的归并前（料号级）、归并后（项号级）数据进行内销数据的备案申报。主管海关通过 H2000 系统对企业内销数据进行审核，从而实现企业内销业务信息化和海关内销征税审核的规范化，有力提高了企业内销申报业务和内销通关业务效率，降低了企业内销业务成本。

一、内销征税业务常见问题

例 282. 加工贸易内销分为哪几个种类？

答：加工贸易内销分为：折料件内销、边角料内销和成品内销 3 种。

（1）折料件内销：加工生产企业生产出的成品（一般为残次品、半成品等）折算为料件改为在国内销售。

（2）边角料内销：加工生产企业在生产过程中剩余的、没有完全消耗掉且无法再用于加工成该合同中成品的料件改为在国内销售。海关法相关条例将边角料内销的概念表述为：加工贸易企业从事加工复出口业务，在海关核定的单耗标准内、加工过程中产生的、无法再用于加工该合同项下进出口制成品的数量合理的废、碎料及下脚料。

（3）成品内销：成品不复出口，改为在国内销售。

例 283. 加工贸易内销征税业务，必须基于什么进行操作？

答：必须基于电子账册、电子手册、无纸化手册、加工贸易手册进行操作。

内销征税是企业在加工贸易活动中保税进口的料件及加工的成品等，因故不能出口，改为在国内销售时，海关对内销的上述产品征收关税、进口环节增值税等的行为。因此只有加工贸易企业才能进行内销征税，而加工贸易企业必须通过上述账册、手册进行通关业务操作，所以内销征税也必须基于上述手册、账册进行操作。

例284. 加工贸易内销征税联系单的编码规则是什么？

答：手册或账册号码＋N＋流水号（例：E37106000014N0002）。

例285. 加工贸易内销征税中，申报单与联系单的区别和联系是什么？

答：申报单与联系单为同一票数据，进行初次录入及申报等操作时称为申请单，海关审批通过之后称为联系单。

二、系统操作常见问题

例286. 加工贸易内销征税数据申报后，需要经过哪几个步骤？

答：需要经过：入海关库、电子审核、人工审核3个步骤：

（1）入海关库：说明H2000成功接收申报单数据并已成功入库；

（2）电子审核：海关入库成功后，申报单数据转为海关电子自动审核，如果审核通过，系统反馈"电子审核通过"回执，并转入人工审核；如果审核未通过，则反馈"电子审核退单"回执；

（3）人工审核：电子审核通过后，申报单数据将转入人工审核，如果审核通过，系统反馈"人工审核通过"回执；如果审核未通过，则反馈"人工审核退单"回执。

例287. 我公司进行内销征税联系单录入时，手册中商品有法定单位，但是录入内销征税时调不出法定单位，是什么原因？

答：这是因为商品税则变更，手册中还是旧编码或者旧的法定单位。请您变更无纸化手册后再录入内销征税联系单。

例288. 怎样利用内销征税联系单，进行报关单的录入？

答：在报关申报系统中的报关单预录入界面"随附单证"栏内，录入内销征税联系单编号，系统可调取联系单内容，如图4-30所示。

在报关单表体输入项号后，系统自动将联系单表体内容返填到报关单表体，且不能修改。

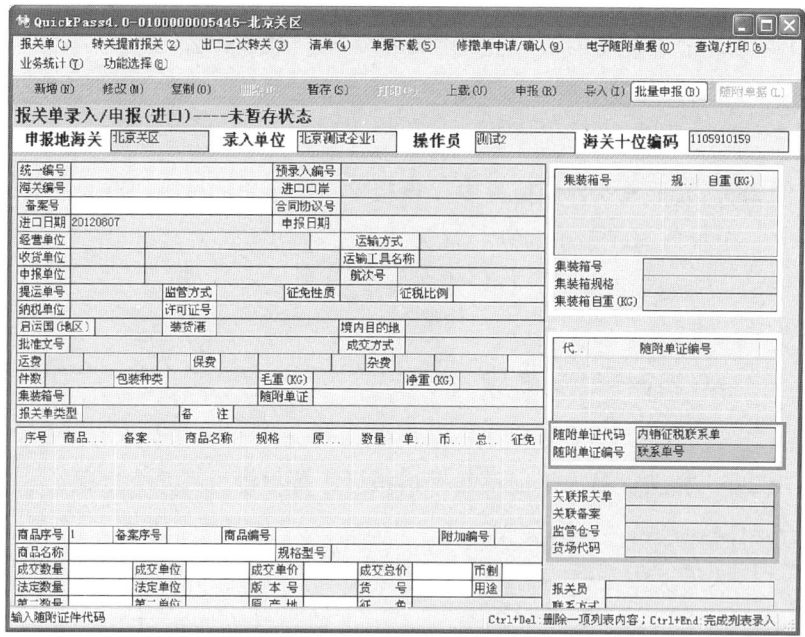

图4-30 利用内销征税联系单录入报关单

例289. 料号级申报单如何录入？如何生成项号级申报单？

答：请您根据已经备案的账册/手册号，调出该账册/手册中的料号级商品数据，进行内销征税申报清单的录入及申报。

内销征税申报清单申报时，系统根据账册/手册的归并关系将料号级申报清单归并为项号级申报单，然后由企业向海关申报项号级申报单。

例290. 我公司进行电子手册边角料内销录入清单时，边角料没有在手册中备案，该如何调用？

答：当您将贸易方式选择为边角料内销后，就可以手工录入商品，不需要从手册中调用。

例291. 进行电子账册内销征税申请表录入时有哪些注意要点？

答：录入内销征税申报单的内销种类为边角料内销时，应根据此边角料所消耗的商品来选择项数，且此项边角料备案的数量不能超过此项商品在手册中的备案数量。

三、错误提示集锦

例292. 我公司申报内销补税联系单时，退单提示"缓税利息计算错误"，该怎么办？

答：您需要在备注栏填写"活期"两个字，如图4-31所示。

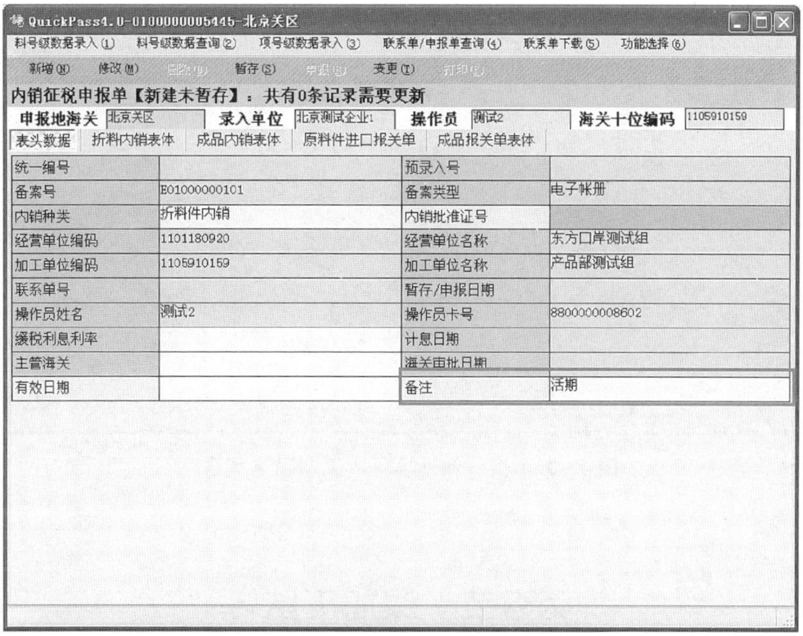

图4-31 缓税利息计算错误解决办法

例293. 我公司申报内销征税联系单时，退单提示"法定单位不正确"，但是联系单上法定单位确实是税则规定单位，是什么原因？

答：这是由于您企业的手册或者账册备案的法定单位不是税则规定的单位，请变更手册或者账册。

例294. 我公司申报内销征税联系单时，退单提示"同一料件项号中原产国重复"，该怎么办？

答：这是由于一份内销征税联系单同一项料件录入了两次所致，如图4-32所示。出现此情况需要删除一条料件数据，或者分两票内销征税联系单录入。

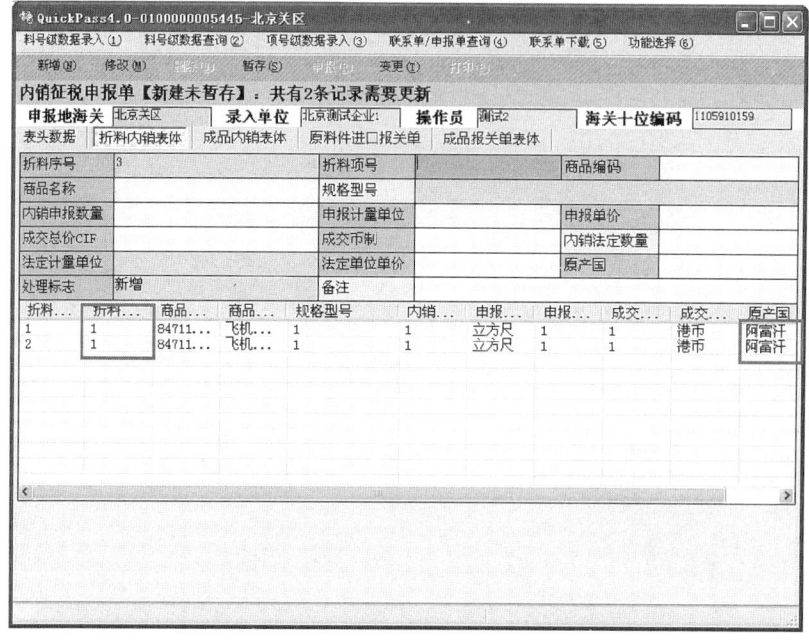

图4-32 同一料件项号中原产国重复原因

第五节 深加工结转

加工贸易深加工结转是指加工贸易企业加工生产的成品、半成品不直接出口，而结转给下一家加工贸易企业进行再加工后出口的加工贸易业务。

深加工结转系统实现了加工贸易深加工结转的新管理模式，体现了"网上备案、动态监控、分别报关、自动对碰、重点核查"的特点和要求，实现了结转申请表审批备案和结转收发货单的自动备案，以及相关的逻辑检控、预警、分析、统计、评估等功能。企业可随时通过电子口岸向海关申请深加工结转，并在规定的期限内及时向海关申报收发货情况；海关能够及时掌握企业结转的动态情况，对结转企业、手册、商品开展重点核查。

一、深加工结转业务常见问题

例295. 深加工结转的报关步骤是什么？

答：深加工结转的报关步骤如下：

（1）转出企业在转出地海关申领海关加工贸易保税货物深加工结转申请表，填写本企业的相关资料并加盖企业印章后，与加工贸易登记手册、购销合同或协议一并交转入地海关办理结转申请手续；

（2）转入地海关对企业递交的海关加工贸易保税货物深加工结转申请表、加工贸易登记手册和购销合同或协议与转出地海关传输的结转内容进行核对；确认无误后，根据结转给企业的实际情况签注是否同意分批发送货物的意见，办结审批手续后，将海关加工贸易保税货物深加工结转申请表第二联留存，第三、四联交企业凭此办理结转报关手续；

（3）企业按海关加工贸易保税货物深加工结转申请表内容进行实际送货后，凭双方加工贸易登记手册、海关加工贸易保税货物深加工结转申请表第三、四联和购销合同或协议统一在转入地海关办理形式进出口手续，即转出企业报出口，转入企业报进口，分别进入出口和进口报关程序。

例296. 深加工结转业务如何分类？其主要区别是什么？

答：深加工结转分为：出口加工区货物深加工结转和一般保税货物深加工结转两种。

两者的主要区别在于：出口加工区内企业只能作为转出方，而一般保税货物深加工结转既可以是转出方，也可以是转入方。

例297. 结转申请表与企业及手册的对应关系是什么？

答：（1）一份结转申请表对应一个转出企业和一个转入企业；

(2) 一份结转申请表对应转出企业一本手册（包括电子账册、电子手册、无纸化手册和加贸手册），但可对应转入企业多本手册。

例 298. 同一个企业两本手册能否做深加工结转？

答：不能，深加工结转必须是两个企业之间的结转。

例 299. 一份结转进口报关单可以对应多份结转出口报关单吗？

答：不可以。一份结转进口报关单对应一份结转出口报关单，两份报关单之间对应的申报序号、申请表编号、价格、数量（或折算后数量）应当一致，报关单所填写的关联手册号及关联报关单号应相互对应。

二、系统相关表格表体及编号规则

例 300. 收发货单表体包括哪两部分内容？它们各自的属性是什么？

答：收发货单表体分为商品明细和归并后信息两部分：

(1) 商品明细由企业录入，根据主管海关的要求，可按手册/账册的料号或 HS 编码录入收发货数据；

(2) 归并后信息则只供企业查看，不能录入及修改。如果企业按料号录入商品明细数据，那么归并后信息根据其归并关系自动生成归并后信息数据。无归并关系的手册/账册中，一条商品明细数据对应一条归并后信息数据，系统将归并后信息中的数据向海关发送。

例 301. 收发货单编号的规则是什么？

答：收发货单编号为 17 位，编号规则是：申请表编号（12 位）+ 收发货标志（1 位）+ 顺序号（4 位）。

例 302. 申请表电子口岸统一编号及申请表编号，是在什么条件下生成的？

答：(1) 申请表电子口岸统一编号在申请表成功入数据中心库后产生；

（2）申请表编号在申请表成功入海关库后产生。

例303. 一般保税货物结转申请表的编号规则是什么？

答：一般保税货物结转申请表编号为12位，编号规则是：X（1位）+年份（2位）+顺序号（9位）。

例304. 出口加工区货物结转申请表的编号规则是什么？

答：出口加工区货物结转申请表编号为12位，编号规则是：P（1位）+年份（2位）+顺序号（9位）。

例305. 外发加工申请表的编号规则是什么？

答：外发加工申请表编号为12位，编号规则是：G（1位）+年份（2位）+顺序号（9位）。

三、系统录入、申报相关问题

例306. 出口加工区货物深加工结转预录入的操作方法是什么？

答：出口加工区货物深加工结转只能作为转出方，一般保税货物不允许结转进出口加工区，其总体操作流程如下：

（1）转出企业在结转申请表转出备案界面录入结转申请表转出方数据，申报成功入数据中心库；

（2）数据中心入库成功，返回给转出企业结转申请表的电子口岸统一编号，转出企业将此编号通知转入企业；

（3）转入企业在备案数据下载界面根据电子口岸统一编号下载转出企业申报的结转申请表；

（4）转入企业在结转申请表转入备案录入界面根据电子口岸统一编号调出转出企业申请的申请表数据，录入结转申请表转入方数据并申报；

（5）转入企业申报的数据入数据中心库后，转出、转入企业申报的数据同时向海关转发，海关审批通过后，深加工结转申请表建立，返回给转出、转入企业结转申请表编号，结转企业可进行收发货操作；

(6) 转出企业在收发货单的发货登记界面根据申请表编号调出结转申请表信息，录入转出方发货登记数据，并向海关申报；

(7) 当转出企业发货登记被主管海关审批通过后，如果需要对此发货登记进行撤销操作，则转至（8）；如果不需要对此发货登记进行撤销操作，在收到卡口放行回执后则通知转入企业收发货单编号，转至（9）；

(8) 查询到被海关审批通过（包括已过卡口和未过卡口）的发货登记，确认需要撤销此发货登记，点击"撤销"按钮，录入发货登记撤销原因，确认后发送发货登记撤销申请，海关审批通过后，发货登记撤销成功；

(9) 转入企业在备案数据下载界面根据收发货单编号下载转出企业申报的发货登记；

(10) 转入企业在收发货单的收货登记界面根据收发货单编号调出转出企业申报的发货登记，录入收货信息并向海关申报，海关审批通过后，此票收发货操作完成；

(11) 转入、转出企业在报关申报系统内申报进、出口报关单；

(12) 转入企业在退货单的退货登记界面根据申请表编号调出结转申请表信息，录入转入方退货登记数据，并向海关申报；

(13) 当转入企业退货登记被主管海关审批通过后，如果需要对此退货登记进行撤销操作，则转至（14）；如果不需要对此退货登记进行撤销操作，则通知转出企业退货单编号，转至（15）；

(14) 查询到被海关审批通过的退货登记，如确认需要撤销此退货登记，点击"撤销"按钮，录入退货登记撤销原因，确认后发送退货登记撤销申请，海关审批通过后，退货登记撤销成功；

(15) 转出企业在备案数据下载界面根据退货单编号下载转入企业申报的退货登记；

(16) 转出企业在退货单的收退货登记界面根据退货单编号调出转入企业申报的退货登记，录入收退货登记，并向海关申报，海关审批通过后，当出口加工区卡口放行后，此票退货操作完成。

(17) 在结转申请表经海关审批通过后，企业如果需要变更申请表，可以在申请表查询界面查询出该票申请表，选中后点击"变更"按钮进行数据变更。

例307. 收发货单的数据录入及使用规范分别是什么？

答：（1）只有当申请表审批通过后，才能申报收发货单；

（2）一票申请表可以对应多票收发货单，一票收发货单只能唯一对应一票申请表；

（3）收发货单的货物申报数量不得超过申请表申报数量；

（4）当转入企业录入收货单前需要在系统的"其他功能"中的"备案数据下载"进行收（发）货单的数据下载，且收（发）货单此时必须审批通过；

（5）在发货单海关审批通过以后，收货企业进行收货登记（申报）前，发货企业可以对其申报的发货单进行撤销操作；在发货单海关审批撤销通过后，该次发货撤销成功。

例308. 我公司录入深加工结转报关单时，除需要按报关单系统的录入规范填制相关内容外，还需要录入哪些内容？

答：企业除按报关单的填制规范录入报关单的相关内容外，对深加工结转的报关单还必须填写如下内容：

（1）随附单证代码：输入K（表示深加工结转）；

（2）随附单证编号：填写此报关单所对应的审批通过的结转申请表编号；

（3）关联备案号：录入此报关单所对应的转出（转入）企业备案的手册/账册号；

（4）关联报关单号：仅在出口报关单中录入。录入所对应的进口报关单的报关单号。

例309. 系统中企业内部编号的录入要求是什么？

答：系统中的企业内部编号为必填项。由企业自行定义，只能包含大写英文和数字，同时还须保证在企业内部的唯一性。

例 310. 结转申请表申报的数据流转是怎样的过程?

答:(1)转出企业先录入转出备案;

(2)转入企业下载转出申请表再录入转入备案;

(3)中心必须收到转出和转入两方面申报的数据后,才发往对应的海关进行审批。

例 311. 加工结转收发货单的申报流程是什么?

答:(1)转出企业先录入发货单,申报发往转出企业所属海关审批;

(2)转出海关审批通过后,转入企业录入收货单,申报发往转入企业所属海关审批。

例 312. 结转申请表的不同状态,对数据的影响有哪些?

答:(1)当转入企业申报的结转申请表转入备案数据状态为"成功入数据中心库"时,数据中心才将转出、转入双方申报的结转申请表备案,同时向海关审批系统转发;

(2)当状态为"成功发往海关"时,转出、转入企业才能看见对方的状态,否则只能看见本企业的状态。

四、错误提示集锦

例 313. 我公司下载发货单时,提示"转出企业的状态不满足下载条件,不能下载",该怎么办?

答:有可能是因为发货方录入的发货单不是审批通过状态,或者发货企业录入的转入企业代码有误。

例 314. 我公司的报关单被退单,原因是"……结转申请表超期",但是申请表中没有有效期,该怎么办?

答:在深加工结转系统的海关审批界面,申请表有效期是必填项,海关审核时可以修改,在审核通过环节确定该申请表的有效期,有效期默认为转出、转入方所涉及手册最短的手册有效期。

例315. 我公司的申请表被退单，提示"转出企业有超期未报核手册，手册号×××"，该怎么办？

答：请您联系所属海关加贸科查询所列手册是否超期未报核。

例316. 我公司录入申请表时，转出备案被退单，提示"转出备案第×××项料件与转出备案的商品规格型号不一致"，该怎么办？

答：由于申请表中的料件规格型号都是由手册/账册中调出的，因此需要您修改手册/账册中的规格型号，使转入转出对应的规格型号保持一致。一般来说，规格型号都是自动调出的。

第五章　区域项目用户常见问题

本章是一些地区性项目的常见问题解答,主要是面向保税监管平台、深圳公路口岸系统用户,将系统应用过程中的疑难问题进行了分类,通过举例方式进行一一解答。

第一节　保税监管平台

保税仓库是指经海关批准设立的专门存放保税货物及其他未办结海关手续货物的仓库。保税仓库按照使用对象不同可分为:公用型保税仓库和自用型保税仓库。公用型保税仓库由主营仓储业务的中国境内独立企业法人经营,专门向社会提供保税仓储服务。自用型保税仓库由特定的中国境内独立企业法人经营,仅存储供本企业自用的保税货物。

为了将北京保税仓库纳入总署统一管理,同时又适应北京海关的监管要求,由中国电子口岸在原北京保税监管平台的基础上开发基于 QP 框架的"北京保税仓 QP 2.0 版电子账册系统"(以下简称北京保税仓 QP 2.0 版)。

北京保税仓项目于 2004 年正式运行,实现了保税仓库企业将保税货物在保税仓中进出存情况等数据向仓库海关申报的功能,加强了海关对保税仓的货物进行监管,提高了企业货物进出保税仓库的效率。

一、保税监管业务常用知识解析

例 317. 保税仓中的"归并"是什么意思?

答：根据海关监管原则要求，将大清单中的多项货物按照一定的原则合并成报关单中的一项货物的过程，称为归并。

例318. 保税仓中的"拆分"是什么意思？

答：企业向海关申报的大清单，如果商品项数量一旦超过20项，则无法填写到一份报关单上，必须分别在多张报关单中体现。清单数据被分为多份报关单的过程，被称为"拆分"。

例319. 保税仓的15种出入库方式是什么？

答：保税仓的15种出入库方式分别是：新件入库、寄售出库、维修出库、其他出库（新件放弃）、其他出库（旧件放弃）、维修出库（修理物品）、其他出库（新件销毁）、其他出库（旧件销毁）、其他出库（租赁）、保税间货物出库、无代价抵偿出库、安装件出库、新件归还与新件退运出库、旧件退运出库、简单加工出库。

二、仓库基本信息备案及操作员备案

例320. 公共保税仓库是否需要对外商逐一备案？

答：对于同一仓库经营单位，若需要对外商的货物进行分别管理，则每家外商都须单独做仓库备案。不同外商备案时用"企业内部编号"后3位加以区分，比如：BZ16001、BZ16002等。

例321. 保税仓企业操作员卡分为几种？权限分别是什么？

答：根据保税仓库类型不同，有以下几种分类：

（1）如果企业为公共型保税仓，则操作员卡分为录入员卡和货主卡两种：

①录入员卡：可以录入、查询本仓库内所有企业的数据。

②货主卡：只能录入、查询仓库内本企业的数据；

（2）如果企业为非公共型保税仓，则操作员卡只有录入员卡，可以录入、查询本仓库的数据。

例 322. 同一保税仓企业可否办多张操作员卡?

答:同一保税仓企业可以办多张操作员卡。

> 小贴士 │ 北京保税仓系统没有多人同时录入数据再合并申报的功能。是否办理多张操作员卡,企业应视自身情况而定。

例 323. 我公司领取操作员卡后,如何才能使卡生效?海关进行组号授权的规则是什么?

答:(1)企业用户到数据分中心或制卡代理点制作并领取企业操作员卡后,还须到主管海关现场由海关关员完成组号授权操作,才能使卡生效。

(2)组号授权的编号规则是:

①如果企业为公共型保税仓:

A. 录入员卡的组号为仓库编号;

B. 货主卡的组号为仓库编号+货主企业在仓库中的"顺序号"。

> 小贴士 │ "顺序号"共 3 位,从 001 开始编号,不能重复,并由仓库录入人员确认生成并统一管理。

②如果企业为非公共型保税仓,则组号为仓库编号。

三、清单报关单填写规范及保税仓备案

例 324. 申报地海关、进出口岸的填写要求是什么?

答:根据货物的性质,有以下分类:

(1)如果为本地报关的货物,填写规范为:

①在仓库备案、出库清单、入库清单、集中报关清单中,申报地海关填写保税仓的北京关区主管海关;进出口岸与申报地海关一致。

②在进口清单、出口清单中，申报地海关填写北京关区内货物实际入出境的海关；进出口岸与申报地海关一致；

（2）对于转关的货物，填写规范为：

①在仓库备案、出库清单、入库清单、集中报关清单中，申报地海关填写保税仓的北京关区主管海关；进出口岸填写货物实际入出境海关；

②在进口清单、出口清单中，申报地海关填写北京关区内货物实际入出境的海关，进出口岸填写货物实际入出境海关。

例 325. 商品货号、规格型号的填写规范是什么？

答：（1）商品货号必填项：

①对于零配件，填写元件号；

②对于整套设备，填写外包装箱和货物上能看到的唯一的规格型号；

③对于某些特殊商品如药品，填写批号。

（2）规格型号：一般情况下该字段为非必填项；但当企业申报的计量单位与法定单位不一致时，必须在该字段里标明两者之间的换算关系。比如，某种商品为布匹，企业的计量单位为卷，法定单位为米，则必须在该字段里注明 1 卷等于多少米。

例 326. 报关单与对应的报关清单的经营单位、收货单位、申报单位是否可以不一致？

答：可以不一致。报关单里的经营单位、收货单位、申报单位分别调用报关清单里的经营单位、仓库单位、申报单位，其中报关单中的收货单位代码为空，收货单位名称为"报关清单中的仓库单位代码+仓库单位名称"。您从清单回执查询中进入报关单界面，若实际报关时经营单位等有变化，可按实际情况修改内容。

例 327. 我公司进行仓库备案时，提示"该卡无权操作此仓库数据"，该怎么办？

答：系统弹出此提示框，一般是由于您没有向海关申请对其企业操作员卡进行组号授权。请您联系现场海关对企业操作员卡进行组号授权。组号授权操作步骤如下：现场海关持海关操作员卡进入身份认证系统，在组号授权页面内进行组号授权。

例 328. 我公司进行仓库备案时，提示"该企业尚未在数据中心注册"，被退单，该怎么办？

答：这是由于您尚未在数据中心注册，造成仓库备案被退单。请您与仓库所在地海关联系，将您单位的经营单位 10 位编码向中国电子口岸数据中心备案。备案方法是：由当地数据分中心向数据中心发传真说明情况。

例 329. 我公司进行仓库备案时，光标返回企业内部编号，该怎么办？

答：这是由于您曾经做过仓库变更操作，但未进行申报。请您调出该仓库变更数据，进行申报。正确操作方法：进入"仓库备案"，依次点击"数据查询"→"未审批数据"，输入查询条件，查询到一个申报类型为"变更"、申报状态为"未生成报文"的数据，查看数据并修改，系统提示"数据应进行变更"，点击"是"即可进行变更操作。

例 330. 我公司进行仓库变更时，提示"该卡无权操作该仓库数据"，该怎么办？

答：请您在仓库变更中进行正确操作或填写相关条件。正确操作步骤如下：

（1）输入申报地海关；

（2）输入正确的企业内部编号；

（3）回车确认上述操作，随后输入经营单位代码，回车后将返填出经营单位名称；

（4）回车确认上述操作，系统提示"数据应进行变更"，点击"是"之后，即可进行变更操作。

如系统仍然提示无权操作，请您致电数据中心客服热线 010 – 95198，由技术人员解决。

例 331. 我公司在做 J 账册仓库备案时，是否需要备案元件表?

答：不需要，仓库备案只需要备案表头。当进口清单复核通过时，会将其表体信息返填至仓库备案元件表里。

四、系统操作常见问题

例 332. 预录入号是否可以修改?

答：根据业务规定，保税仓系统中报关单的预录入号是不能修改的！所以您在录入预录入号时，千万不要录错！

例 333. 系统中某字段录入完毕后变为红色，该怎么办?

答：这是由于系统以此方式提示该字段录入存在逻辑错误，请您检查确认是否有录入错误。

例 334. 我公司在录入清单表头数据退出系统后，该如何继续录入表体数据?

答：在清单单据查询中输入相应的查询条件找到该票单据，再点击"查看明细"进入清单明细界面后，可以继续录入表体数据。

例 335. 出库清单征免方式的修改方法是什么?

答：在集中报关时，进入集中报关清单明细界面对征免方式字段进行修改。

例 336. 我公司是否可以修改出库清单的货物单价?

答：系统对企业端出库清单表体数据的修改并没有控制，但修改后在海关端审核时会有提示。所以，能否修改单价在于海关是否同意，若海关同意可自行修改。

例 337. 我们在进行仓库备案时，修改表体变更的方法是什么?

答：(1) 在仓库变更界面表头中输入企业内部编号和经营单位代码，

调出欲变更的数据；

（2）保存表头内容后，进入表体（元件表）界面，在表体中输入欲修改商品的货号，调出该项货物数据；

（3）对货物数据进行修改、保存，并申报。

小贴士　K 账册无法自行修改商品 HS 编码。如需修改记录账册号、货号、商品名称、旧 HS 编码、新 HS 编码请致电中国电子口岸数据中心客服热线 010 - 95198，转技术人员处理。

例 338. 录入入库清单的条件是什么？

答：您在出库清单状态为"清单审核通过"时，才能填写入库清单（新件归还清单）。

例 339. 我们在录入进口清单时，如果没有分运单号，该怎么办？

答：提运单号是在清单生成报关单时自动生成的，但您是可以修改的。目前进口清单的分运单号为必填项，填写时可以填成与主运单号一致，也可以任意填写（主运单号和分运单号字段总和不得超过 30 个字符）。当清单生成报关单后，您可在报关单录入界面中将提运单号中"_"后的分运单号去掉，使提运单号与其他单证号（如舱单号）一致。

例 340. 集中报关清单发票号如何修改？

答：根据集中报关清单发票号字段所在位置，有以下几种区分：

（1）如果为集中报关清单表头的发票号，则可直接修改，但必须与报关单一致；

（2）如果为集中报关清单表体中的发票号，则是调用的进口清单的发票号，不能修改。

小贴士　清单表头、表体的发票号不一致不影响申报。

例341. **库存查询中是否有打印功能?**

答：可以通过 QT 查询中的库存查询进行打印。

例342. **系统是否有自动拆分超过 20 项表体数据的功能?**

答：北京保税仓系统有自动将超过 20 项报关单表体数据，拆分成若干份报关单的功能。

例343. **保税仓系统中，是否有转关功能?**

答：保税仓系统中有转关功能，可以从回执查询中进入报关单明细界面时，选择"提前报关"即可。

五、状态异常处理及错误提示代码

例344. 我公司在进行出库清单时，提示"申报数量大于可出库数量"，如图 5-1 所示，无法申报，产生原因是什么？该怎么办？

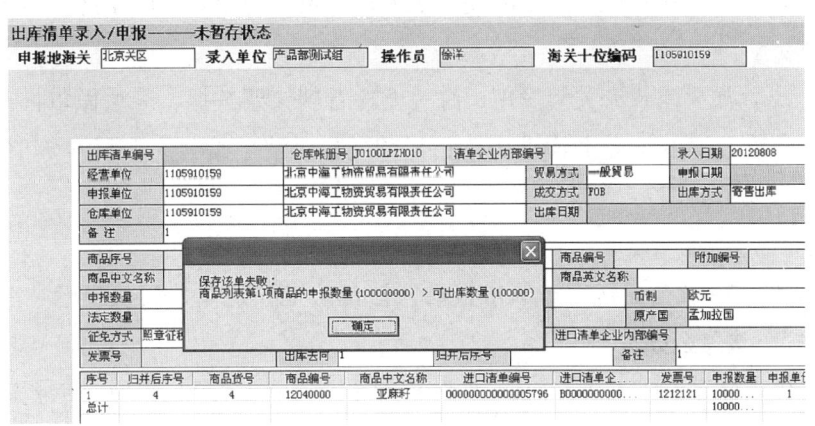

图 5-1

答：出现这种情况可能的原因及处理办法如下：

（1）可能是由于您申报的出库数量大于其库存数量，请您首先核实其库存数量，如果申报的出库数量大于其库存数量，则会出现该提示；

（2）如果您核实库存数量后，发现出库数量小于其库存数量，请您通过货号查询是否存在另一票"暂存未上载"的出库清单，找出并删除该清单，即可进行申报操作；

（3）可能是由于您录入的入库清单或是进口清单没有通过终审所致；

（4）可能是由于对应的新建入库清单或归还清单在分中心端未写入。

如果不是以上4种情况，但依然报错的，请您致电数据中心客服热线010-95198，由技术支持人员处理。

例345. 我公司进行清单申报后，状态长时间提示"上载申报发往数据中心"，该怎么办？

答：这是由于您该票单据回执处理失败所致。请您致电数据中心客服热线010-95195提供清单号、账册号等信息，由技术人员处理。

例346. 我公司进行清单申报后，状态长时间提示"等待审批"或"转人工审核，等待审批"，该怎么办？

答：处理方法如下：

（1）该问题一般是由于海关尚未审核所致，请您首先联系海关做审批操作；

（2）如果联系海关后发现，海关无法看到该票数据，无法做审批，则请您致电数据中心客服热线010-95198，提供清单编号、账册号等信息，由技术人员处理。

例347. 我公司进行清单申报后，被自动审核退单，回执提示"禁止操作"，该怎么办？

答：这是由于海关对该仓库业务设置了"操作控制"，暂时不允许该仓库开展业务所致，请您联系海关了解情况。

例348. 我公司在进口清单初审中已经通过，但在库存查询中没有相应数据，该怎么办？

答：进口清单应该复核通过后才算正式入库，库存查询中才有数据。您的进口清单查询状态为"清单审核通过"，只是初审通过，所以在库存查询中还查不到数据。

例349. 为什么我公司在报关单申报时，总是提示"录入错误"？

答：这是由于报关单中部分内容录入有误，如录入的监管方式与征免性质、征免方式不对应等，请您依据错误提示进行修改。

例350. 在集中报关的报关单没有申报前，删除了该份报关单，应如何继续操作？

答：对于已删除的报关单，系统不能再由清单重新生成报关单。请您向仓库海关申请，删除原集中报关清单。重新进行集中报关清单分组、申报，再由清单生成报关单后，录入并申报报关单。

例351. 我公司在进行集中报关时，出库清单查询不到，如图5－2所示，该怎么办？

图5－2

答：（1）只有清单状态是"清单审核通过"时，才可以进行分组。如果该出库清单状态尚未显示"清单审核通过"，请您联系海关审批该清单；

（2）"维修出库"清单，进行集中报关设置后，才可以进行分组。如做过"维修出库"清单，尚未做集中报关设置，请您进行集中报关设置。操作方法：选择"集中报关"，进入"集中报关设置"，选中该清单并保存设置。

（3）出库清单曾经做过集中报关分组操作后，不能进行再次分组。请您调出该票集中报关清单数据，录入完整后再申报。操作步骤如下：

①进入查询/打印；

②选择清单/回执类型选择报关清单；

③根据货号（或其他查询条件）查询；

④找到该票暂存未上载的集中报关清单；

⑤点击"查看明细"，即可继续进行集中报关。

例 352. 我公司在集中报关清单申报时，发现表体数据录入有误，但这些数据无法修改，该怎么办？

答：您不能直接删除出库清单。请您在集中报关清单界面删除该票集中报关清单，再用"修改申请"修改集中报关清单对应的出库清单，当修改的出库清单状态为"清单审批通过"时再进行集中报关操作，对出库清单重新分组，生成集中报关清单后再申报。

例 353. 我公司的工具查询到新件库存总金额报表数据，导出至 Excel 表格中打印，不能正常打印，该怎么办？

答：请您在报表管理菜单中进行打印，这样才能保证打印出的报表格式满足海关的要求，而不要导出至 Excel 表格中再打印。

例 354. 我公司在进入 QT 时，提示"IC 无权限错误"，该怎么办？

答：请您致电数据中心客服热线 010-95198，申请开通权限。

例 355. 我公司在清单审核通过后需要对清单进行修改，应使用什么功能？

答：如果在清单审核通过后要对清单进行修改，只能用修改申请子菜单进行修改。

例 356. 海关已做删单处理，我公司系统清单状态仍为"清单审核通过",该怎么办?

答:(1)请您先联系海关确认是否已经删单成功;

(2)如果企业确认海关已经删单成功,且海关再无法看见该票单。请您致电数据中心客服热线 010 - 95198,告知清单号、账册号等信息,由技术人员协助处理。

第二节 公路口岸

深圳海关公路口岸自动核放系统是深圳海关为适应快速增长的深圳口岸通关业务发展要求,以有效监管下的快速通关为目标自主研究开发的通关管理系统。该系统以企业提前申报为基础,通过安装在汽车前挡风玻璃上的车辆电子识别卡和司机 IC 卡的自动读写,调阅海关数据库的通关数据从而自动控制通道电子栏杆的开启。

一、公路口岸业务常用知识解析

例 357. 什么是附重空车?

答:附重空车是指载运有可以多次往返使用的容器或起固定、防止碰撞等作用的相关辅件的车辆。

例 358. 解除承运的条件是什么?

答:清单在进行承运确认操作后即可解除承运,报关单必须在收到海关同意承运(可过境)回执后方可解除承运。异常解除是指该单据、车辆状态本身不具备解除承运的条件,由于状态异常需要向海关发送申请解除的指令。一般是数据中心端状态为已解除(未承运),海关端状态仍未解除(已承运)时,需要使用异常解除。车辆已过境,但由于海关未发送过境回执而没有自动解绑时,请您联系海关重传过境回执,不要进行解绑操作。异常解除和正常解除的关系是前者包含后者,如图 5 - 3 所示。

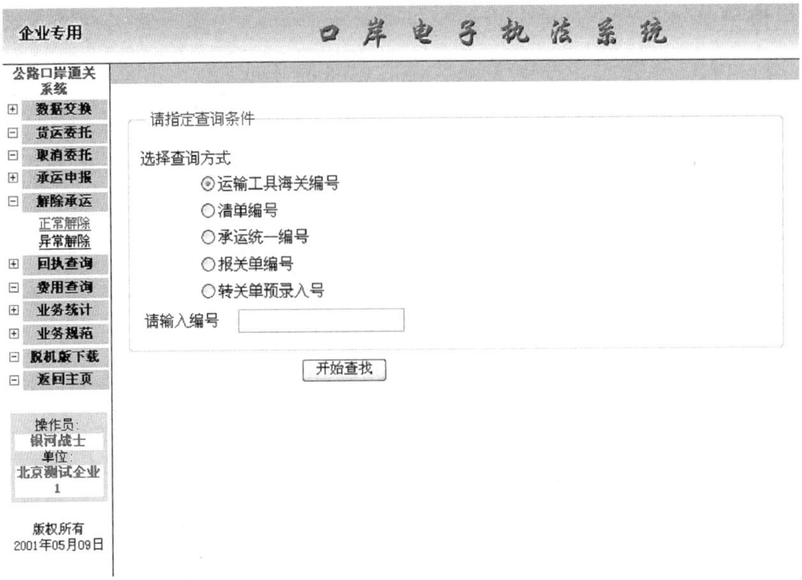

图 5-3

例 359. 一辆车可以捆绑多少清单，有什么条件？

答：一辆车最多可捆绑 98 个清单，但一个清单不可分多个车来承运。您如果需要多个清单使用一车承运，清单货运委托时必须填入相同的统一载货清单号，在承运时才可输入统一载货清单号来调阅出清单数据，否则无法实现一车多单。

例 360. 不纳入自动核放通道验放的车辆包括哪些情况？

答：一单多车、附重空车、承载鲜活商品的重车、临时车等车辆。

二、系统版本与登录问题

例 361. 公路口岸脱机版为记事本模式，我公司无法正常录入，该怎么办？

答：这是由于您将脱机版程序选择"记事本"的打开方式导致，打开方式应选择为"Internet Explorer"。

例362. 我公司重新安装公路口岸脱机版后,原有的数据是否会丢失?

答:如果在提示"发现已存在公路口岸业务库,是否要覆盖"时,选择"是",那么原来暂存在本地未申报的清单就全部删除,清单暂存号也要重新计算。建议您选"否"。如果覆盖了原来的业务库,之前下载的手册数据也被删除,需要重新下载。

例363. 如何删除公路口岸脱机版的数据?

答:如果在"清单申报"中能看到不需要申报的清单,希望将其删除,可将 C:\ localdb 目录下的 dbsrt.odb 文件删除后重新安装脱机版,或在重新安装脱机版时选择覆盖业务库。

三、异地企业使用系统问题

例364. 我们是异地关区的企业,如何签订公路口岸承运申报传输服务费的扣款合同书?

答:异地企业可以与招商银行深圳新洲支行签订《委托银行代收电子报关数据传输费合同书》,您须在深圳市内的任意银行开立账户,并带相关公司证明和公章到招商银行新洲支行办理。

例365. 我们是异地关区的企业,应该如何缴纳数据传输服务费?

答:异地企业缴纳数据传输服务费有两种选择:一是在深圳开立银行账户,签订《委托银行代收电子报关数据传输服务费合同书》,委托银行自动扣款;二是每月扣款日之后到银行柜台缴纳现金。

例366. 我们是异地企业,在做公路口岸车辆承运业务时,已与深圳招商银行新洲支行签订协议,招商银行在录入我们企业资料时系统出错,提示"RA库中无该企业",无法备案,该怎么办?

答:这是由于您在电子口岸入网时未备案工商部门信息导致。工商部门的备案信息是银行系统在录入数据时必须调取的用户备案数据之一,因此您须到当地制卡部门申请备案后方可申请委托银行扣款业务。

四、数据录入与申报问题

例367. 我公司在业务统计功能中，无法选择本年年份或月份，如图5－4所示，该怎么办？

图 5－4

答：这是由于系统日期与当前日期不符所致。请您修改电脑的系统日期，将其调整到当前日期。

例368. 公路口岸清单中总重量有小数点，我们应该如何填写？

答：总重量是货物的毛重，必须是整数，如果是小数，则必须四舍五入。

例369. 转关车承运中的牵引托架的编号和规格、重量的填写方法是什么？

答：拖架编号应输入拖架本身的编号，这个编号在拖架上都有显示，您可以按实际填写，拖架规格按照拖架自重与标号对照表对应填写。比如，拖架规格为"20尺，单用骨架"，录入001即可。重量会自动返填，您可以在200公斤范围内修改，如图5－5所示。

图 5-5

例 370. 我们是一家企业，如果用一车拖两个 20 尺的货柜，其中一个柜有货物，另一个柜是空柜，在做转关车过境申报时，空柜要不要也录入集装箱号？

答：空柜也要录入集装箱号，因为空柜有自重。

例 371. 我公司在录入清单时，未录入统一载货清单号或录入了错误的统一载货清单号，该怎么办？

答：在货运委托界面表头的统一载货清单号处，可录入正确的统一载货清单号。并在表体勾选中所要委托的单证号，点击"申报"。此时，系统提示"您输入的委托统一载货清单号与清单的统一载货清单号不一致，委托后会将清单的统一载货清单号替换为委托的统一载货清单号，是否确认？"点击"确认"，系统会将原清单的统一载货清单号替换为委托的统一载货清单号。

例 372. 一份清单最多可以录入几项商品？一辆车最多可以承运多少份清单或报关单？

答：一份清单最多可以录入 8 项商品，一辆车最多可以承运 98 份清单或报关单。

例 373. 我公司在录入进出口清单时，如果遇到备案商品的序号和商品名称、规格是一致的,只是原产国不同,是否可以同时录入备案序号相同的商品?

答:可以,根据原产国的不同分别备案。

例 374. 我公司在 8 月 5 日录入申报清单时,电脑显示录入时间为 8 月 4 日,而且无法正常申报,该怎么办?

答:这是由于您电脑时间设置有误,请重新修改设置后重启电脑。

例 375. 一份清单暂存号申报后生成两份内容相同号码不同的清单,该怎么办?

答:这是由于用户在操作时双击了"申报"按钮导致。只选择其中一份清单进行报关,另一份清单取消委托后待海关自动作废或向海关申请手工作废。

例 376. 加工贸易手册正在变更过程中,我公司是否可以通过电子口岸申报清单?

答:不可以,须等主管海关审核通过后才能申报清单。

例 377. 我公司在公路口岸申报的进出口清单,具体什么时候可以核扣手册(账册)数量?

答:进口清单在审核通过后核扣手册(电子账册);出口清单在过境后核扣手册(电子账册)。

例 378. 公路口岸的审结/过境回执在系统中保留多少天?

答:清单审结/过境回执在系统中保留 100 天,如图 5-6 所示,您可以通过设定起止时间来查询并打印 35 天内的过境清单列表,如图 5-7 所示。对于超过 100 天的清单审结/过境回执,您只能指定清单号码查询。

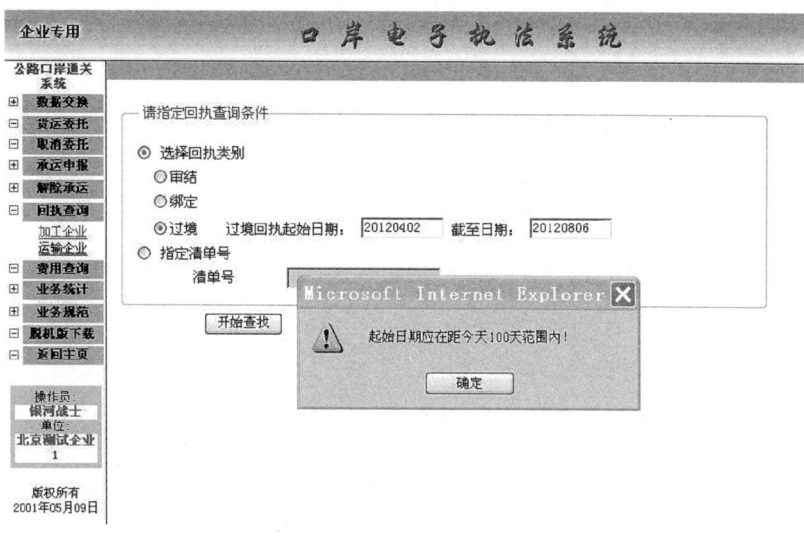

图 5-6

图 5-7

五、承运相关问题

例379. 公路口岸清单申报及车辆承运晚上什么时间无审核回执?

答：清单申报 24 小时均有审核回执，承运申报在晚上 24:00 至次日凌晨5:00无审核回执。

例380. 我公司进行申报出口清单时，车辆在境外，是否可以用该车辆进行承运操作?

答：请您不要用该车辆进行承运操作，因为车辆还没有空车过境记录，此时进行承运可能会影响企业的过境数据。

例381. 我公司在进行新备案时，车辆无法操作承运，分中心查询到该车辆的备案信息中组织机构代码栏为空，该怎么办?

答：这是由于车辆备案信息中组织机构代码为空导致无法操作承运，您须联系梅林海关将车辆备案组织机构代码添加后重新发往电子口岸。

例382. 我公司的清单已审核，但在货运委托里查不到该票清单，该怎么办?

答：加工企业在脱机版录入时输入了“承运企业编号”和“统一载货清单号”，会自动做货运委托，在“取消委托”里可以查到，如图5－8所示。

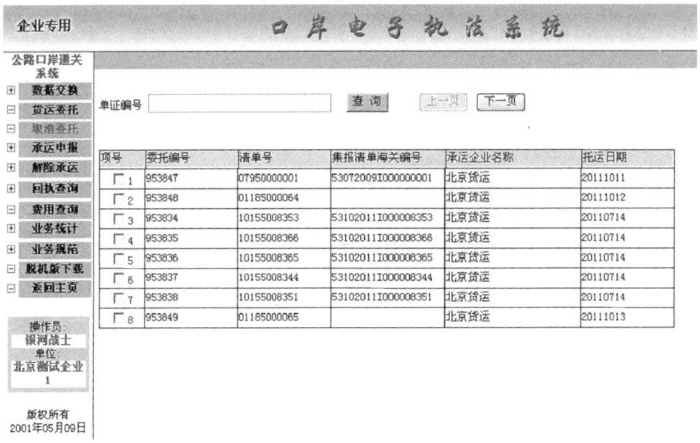

项号	委托编号	清单号	集报清单海关编号	承运企业名称	托运日期
1	953847	07950000001	53072009I000000001	北京货运	20111011
2	953848	01185000064		北京货运	20111012
3	953834	10155008353	53102011I000008353	北京货运	20110714
4	953835	10155008366	53102011I000008366	北京货运	20110714
5	953836	10155008365	53102011I000008365	北京货运	20110714
6	953837	10155008344	53102011I000008344	北京货运	20110714
7	953838	10155008351	53102011I000008351	北京货运	20110714
8	953849	01185000065		北京货运	20111013

图5－8

六、错误提示代码集锦

例383. 我公司报关单在公路口岸无法承运，在热线查询的单据状态为

"错误〈承运标志1,但状态表中不存在记录〉",该怎么办?

答:有两种处理办法:

(1) 您可以联系海关重新发送放行数据,接收成功;

(2) 您也可以致电数据中心客服热线010-95198解决。

例384. 我公司在公路口岸下载手册时,系统提示:"您的企业编号与手册中的企业编号不一致,没有权限下载",如图5-9所示,该怎么办?

图 5-9

答:这是由于您单位的海关10位注册编码已变更,应与主管海关联系办理手册的变更手续或与当地数据中心制卡窗口申请变更电子口岸卡的备案数据。

例385. 我公司在下载公路口岸手册时,系统提示"程序出错,请拨打数据中心客服热线010-95198",该怎么办?

答:以上情况分为两种:

(1) 下载的手册是电子化手册;

(2) 下载的手册是纸质手册,手册字母没有大写。

例386. 我公司已在公路口岸下载手册，并在脱机版中录入清单，申报后被退单，系统提示"没有备案手册"，该怎么办？

答：请您联系主管海关查询手册备案的情况。

例387. 我公司在清单暂存时，系统提示"系统无法确定该清单类别属于料件还是成品，操作失败"，该怎么办？

图 5 – 10

答：这是由于您未输入监管方式或者输入的是监管方式的中文所致，如图 5 – 10 所示，应输入监管方式代码，待返填中文后重新申报。

例388. 我公司在申报清单时，系统提示"错误，手册 B530XXXXXXXX 不能做清单集中申报，请使用报关单在主管海关进行逐单申报"，该怎么办？

答：这是由于海关对您的手册做了权限控制，具体原因您可联系主管海关了解。

例389. 我们是江门的企业，在做转关车申报时，输入江门车场的代码后，系统提示"无此代码"，该怎么办？

答：请您更新参数库。

例390. 我公司在做清单申报或承运申报时,系统提示"已经欠费,限制申报",在银行缴纳现金后,仍无法正常申报,该怎么办?

答:这是由于银行未将缴款成功回执发往数据中心,请您联系银行重新发送。

例391. 我公司在做转关车承运时,系统提示"转关单号码重复",该怎么办?

答:这是由于该转关单预录入号已经被其他车辆使用,请您核实后重新操作。

例392. 我公司在操作承运申报业务时,系统提示"错误状态:已承运,但不存在捆绑关系",该怎么办?

图 5-11

答:请您在"异常解除"中进行解除捆绑操作,解除成功后重新操作承运申报,如图 5-11 所示。

例393. 我公司在公路口岸操作报关单承运时,系统提示"对不起,1部车不能承运超过99份单据,申报失败",该怎么办?

答:目前系统最多可承运98份单据,超过98份则会有以上提示。

例394. 我公司在公路口岸脱机录入中输入手册号时，系统提示"无此号码！"如图5-12所示，该怎么办？

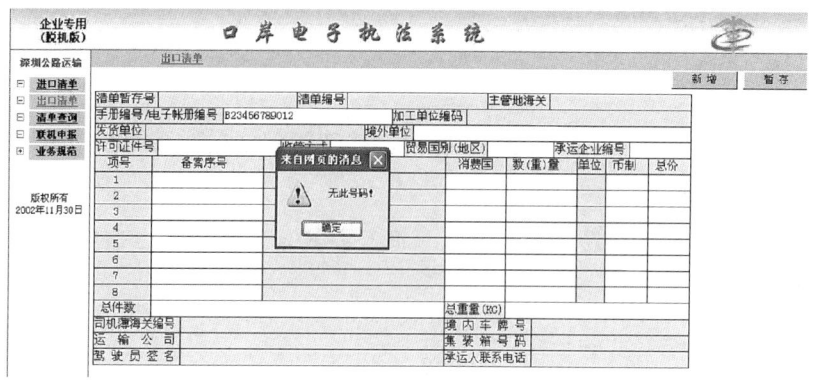

图5-12

答：(1) 可能是由于您录入前没有下载该手册。请您确认是否已成功下载该手册。

(2) 请您将C:\localdb目录下的dbsrt.odb文件删除后重新安装脱机版（如果原数据需要保存，请先备份）。如问题仍存在，请您重新安装电子口岸客户端软件。

例395. 我公司在操作清单承运申报时，系统提示"一次只能绑定进口或出口一种单据"，无法成功申报，该怎么办？

答：由于您承运的一份载货清单里有进口和出口两种类型的电子申报单，因此无法承运。清单货运委托时不校验载货清单是否对应进出口类型，如对进口清单委托出口载货清单或出口清单委托进口载货清单，在承运时就会出现以上情况。

例396. 我公司在运输承运捆绑时，系统提示"报关清单预录入点只能代理清单申报，不能代理承运申报"，该怎么办？

答：多家运输公司用一台电脑进行操作时，如果在做承运时中途换卡，需要从中国电子口岸网站主页重新登录，否则就会出现以上的错误。即换一张卡，就需要重新登录一次。

例 397. 我公司的报关单被海关查车后,操作车辆已经解除承运,海关回执为"不同意解除",该怎么办?

答:这是由于您的车辆仍被海关布控,因此您无法操作解除承运,车辆须在解除布控后方能解除承运。

例 398. 我公司的清单被退单,退单提示"该电子口岸清单重号或写库不成功",该怎么办?

答:这是由于清单号重复导致,请您重新录入新的清单暂存再申报。

例 399. 我公司的清单被退单,退单提示"商品编码不符,必须修改"。该怎么办?

答:这是由于商品的税则发生了变更,请您依次做以下操作:
(1) 到主管海关变更手册,并向电子口岸同步变更后数据;
(2) 在电子口岸重新下载手册数据;
(3) 在电子口岸下载最新参数库安装。

例 400. 我公司的清单被退单,退单提示"商品编码与备案时不同",该怎么办?

答:海关在变更商品编码后,须将手册数据发送到电子口岸,请您重新下载后录入并申报清单。

附　录

中国电子口岸数据中心各分中心客服热线

序号	分中心	客服热线电话	备注
1	北　京	010－85736363	
2	天　津	022－84201926	
3	太　原	0351－7119002/7119003	
4	石家庄	0311－87869400/87869401	
5	呼和浩特	0471－6982951/6982807	
6	满洲里	0470－2299090	
7	大　连	0411－95198	
8	沈　阳	024－22721753	
9	长　春	0431－84601888	
10	哈尔滨	0451－82381717	
11	上　海	021－962116	
12	南　京	025－9688888	
13	杭　州	0571－95198	
14	宁　波	0574－89099000	
15	合　肥	0551－3549342/3549343	
16	福　州	0591－87082323	
17	厦　门	0592－5653395	
18	南　昌	0791－86307435/86307434	
19	青　岛	0532－82955188	
20	郑　州	0371－65599515	

续表

序号	分中心	客服热线电话	备注
21	武汉	027-82768383	
22	长沙	0731-84781358（含制卡）	
23	广州	020-83939000	
24	深圳	0755-88295198	
25	拱北	0756-8125566（珠海） 0760-88666561（中山）	
26	汕头	0754-88179853（含制卡）	13889955604 （联网企业热线）
27	黄埔	020-82130013	
28	江门	010-95198	
29	湛江	0759-3251071	
30	南宁	0771-5368304/5368324	
31	海口	0898-66285058	
32	重庆	023-67709530	
33	成都	028-85390333	
34	贵阳	0851-5786091	
35	昆明	0871-3016523	
36	拉萨	0891-95198	
37	西安	029-83196201	
38	兰州	0931-7705234	
39	西宁	0971-8866400	
40	银川	0951-5679148	
41	乌鲁木齐	0991-3627333	

问题索引

第一章 电子口岸入网常见问题 … 1

第一节 用户办理入网问题 … 1

一、新用户办理入网问题 … 1

例1. 我是一家新企业，想办理电子口岸入网，可以找谁咨询？ … 1

例2. 我该如何办理中国电子口岸的入网手续？ … 2

例3. 不同类型企业在入网审批备案时所须携带的证件有何区别？ … 4

例4. 我是一家新入网企业，已经向审批部门申报我公司信息，但审批部门查询不到相关信息，从而无法审批，怎么办？（比如：企业录完工商端信息申报后，工商局审核时看不到信息，如图1-2所示） … 5

例5. 我公司的税务证只有地税证，没有国税证，该如何办理电子口岸卡？ … 6

例6. 电子口岸业务权限审批是如何进行的？ … 6

二、信息变更相关问题 … 6

例7. 我们办理完入网后，想变更企业基本信息，如企业名称、性质、地址、注册资本、法人代表、海关注册号等，该如何办理？ … 6

例8. 我公司原来在青岛地区办理入网，现在由于企业迁址，需要在上海办理入网，该怎么办？ … 6

例 9. 我公司更改了新的海关编码，但用旧的海关编码办理的业务还没有完成，同时还需要用新的海关编码办理业务，该如何处理? ………………………………………… 7

第二节　IC 卡与读卡器问题 ……………………………………………… 7
　一、电子口岸企业 IC 卡 ……………………………………………… 7
　　例 10. 一张企业 IC 卡/IKEY（U 盘式 IC 卡）的有效期是多长时间？到期后该怎么办？ ……………………………… 7
　　例 11. 我公司的企业 IC 卡遗失了，该如何办理挂失手续？ …… 8
　　例 12. 我想冻结操作员卡该如何进行处理？ …………………… 8
　　例 13. 我想要注销企业 IC 卡，该如何操作？ …………………… 9
　　例 14. 我的企业 IC 卡被锁了，该怎么办？ ……………………… 10
　　例 15. 我公司已在电子口岸执法系统中变更了单位名称，但是用操作员卡进入系统后，左边仍显示旧的企业名称，该怎么办？ ……………………………………… 10
　　例 16. 一个企业可以有几张法人卡？可以有多张操作员卡吗？ ……………………………………………………… 10
　　例 17. 企业 IC 卡条形码磨损并且已经过期，如何查询卡号？ ……………………………………………………… 10
　　例 18. 制作企业 IC 卡时，出现如图 1-5 所示的错误代码"-22411，此 IC 卡用户已存在"怎么办？（不涉及用户操作） ………………………………………………… 10
　二、更多 IC 卡类别 …………………………………………………… 10
　　例 19. 各类 IC 卡的使用对象及相关权限分别是什么？ ……… 10
　　例 20. 我们是一家银行，该如何办理管理员卡和操作员卡？ ……………………………………………………… 11
　　例 21. 我们是一家银行，想变更管理员卡和操作员卡，该如何办理？ ……………………………………………… 12
　三、报关员 IC 卡 ……………………………………………………… 12
　　例 22. 报关员 IC 卡的办理流程是怎样的？ ……………………… 12

例 23. 报关员 IC 卡损坏（换卡）或遗失（补卡）应如何处理？
………………………………………………………………………… 13

例 24. 如何利用企业法人卡和报关员 IC 卡查询报关员信息？
………………………………………………………………………… 13

四、电子口岸读卡器 ………………………………………………… 13

例 25. 电子口岸各型号读卡器指示灯如何显示？ …………… 13

例 26. EP600 读卡器驱动程序的安装方法是什么？ ………… 13

例 27. 我安装完 EP-600 读卡器驱动后如何检查安装成功与否？
………………………………………………………………………… 14

例 28. 如何检查 Smart Card 服务？ ………………………… 16

例 29. 我们在安装 EP600 完毕后，需要卸载 EP600 驱动 pcse_0，但是无法卸载，该怎么办？ ………………… 20

例 30. 如果把 EP801 驱动安装完成后，读卡器设备管理器里面有 USB Token Holder，但没有 USB Token Device，显示为带有黄色叹号的 Smart Card，该怎么办？ ………… 20

例 31. 如何检查 EP801 读卡器驱动程序安装成功与否？如果没安装成功怎么办？ ………………………………… 25

例 32. 读卡器控件安装失败怎么办？ ……………………… 27

例 33. 如果我安装完 EP600、EP801 控件和驱动后，把读卡器插入 USB 接口但并不提示"找到新硬件"，该怎么办？
………………………………………………………………………… 27

例 34. 我们使用 Windows XP 系统安装 EP801 控件及驱动后，插入 EP801 读卡器时系统提示需要 Smart Card Reader Installation Disk # 1 上的 "eps2k1.sys"，或者 "usbic2k.sys" 文件，该怎么办？ …………………… 27

例 35. 更换读卡器控件程序，是否会影响原有卡片的使用？
………………………………………………………………………… 27

第三节 计算机配置和客户端安装 ………………………………… 28

一、硬件配置要求 ………………………………………………… 28

例 36. 我们是一家刚办完电子口岸入网手续的企业，该如何开始办理电子口岸业务？ …………………………………………… 28

例 37. 电子口岸系统运行的计算机配置要求如何？ …………… 28

二、客户端安装问题 ……………………………………………………… 28

例 38. 如何获得电子口岸客户端程序安装盘？ ………………… 28

例 39. 电子口岸客户端软件及 ESA 安全数据库的安装方法是什么？ …………………………………………………………… 29

例 40. 电子口岸浏览器版程序只能装在 C 盘吗？ ……………… 29

例 41. 如果安装浏览器版控件程序失败，该怎么办？ ………… 29

例 42. 我公司购买了安装光盘，但是序列号丢失了，该怎么办？ ………………………………………………………………… 29

例 43. 客户端软件冲突的表现形式和处理方式是什么？ ……… 29

第四节　身份验证常见问题 ……………………………………………… 30

一、输入密码时异常提示 ………………………………………………… 30

例 44. 如果登录中国电子口岸网站输入口令时提示"您的密码为默认密码，请立即修改"，如图 1-28 所示，应该如何处理？ ………………………………………………………… 30

例 45. 如果登录中国电子口岸网站输入口令时提示"密码校验失败"，应该如何处理？ …………………………………… 31

例 46. 如果登录中国电子口岸网站输入口令时提示"您的 IC 卡数字证书有效期截止到××××年××月××日，请到海关的 RA 部门办理数字证书更新手续"，应如何处理？ …………………………………………………………… 31

例 47. 如果登录中国电子口岸网站输入口令时提示"不能查到当前用户的证书信息"，如图 1-29 所示，应如何处理？ …………………………………………………………… 32

例 48. 如果登录中国电子口岸网站输入口令时提示"CA 根证书验证用户出错"，应如何处理？ ……………………… 33

例 49. 我公司在更换新卡登录后，发现所有业务系统均为灰色，如图 1-30 所示，应该怎么办？ ……………………… 33

二、设备识别时异常提示 ……………………………………… 34

例 50. 如果企业使用 EP801/600 读卡器登录时，提示"初始化串口失败"，该怎么办？ ……………………………… 34

例 51. 如果在使用 EP600 读卡器登录中国电子口岸预录入系统时，提示"读卡器底层库打开读卡器失败，错误码 = 50200"，应该怎么办？ ……………………………… 36

例 52. 如果使用 GC-482 型串口读卡器，在登录中国电子口岸预录入系统和浏览器版系统时，读卡器灯不闪，应该怎么办？ …………………………………………… 36

第五节　用户登录错误提示集锦 ………………………………… 36

一、网页错误提示 ………………………………………………… 36

例 53. 发生网页错误时，使用"一键修复"可修复哪些错误？ ……………………………………………………… 36

例 54. 在登录中国电子口岸网站输入口令时提示"该页存在潜在的对 ActiveX 控键不安全信息……"，该如何处理？ ……………………………………………………… 37

例 55. 我们在登录中国电子口岸网站时提示"解 PEM 编码失败"，应该怎么办？ ……………………………………… 37

例 56. 如果在登录中国电子口岸网站时提示"未打开卡一"或"文件认证失败，errcode = 53120"，应该如何处理？ ……………………………………………………… 37

例 57. 我们在登录中国电子口岸浏览器版系统时，提示"网页错误：没有权限"，是什么原因造成的？ …………… 37

例 58. 我在登录中国电子口岸中国电子口岸浏览器版系统时，网页提示"[pol－3023] the database does not exist"（数据库不存在），应该怎么办？ ……………… 37

例 59. 我在登录中国电子口岸浏览器版系统打印数据时，提示"需要安装打印控件"，该如何安装？ ………… 38

二、预录入系统登录错误提示 …………………………………… 38

例 60. 如果用 EUS 进行系统更新时，提示"*.dll 文件 CRC

校验失败",应该怎么办? ……………………………… 38

例61. 如果我在使用 EUSSTART 更新时,提示"检查版本失败,返回函数值:-2001";或在登录系统时,提示"与服务器连接中断",该如何处理? ……………… 38

例62. 我公司有两个海关编码,但是登录 QP 4.0 系统的时候没有选择海关10位编码的提示,该如何处理? ……… 38

例63. 我们在登录 QP 系统时,插入电子口岸 IC 卡,输入正确密码后,点击回车,弹出一个对话框,显示"错误编号:-10025",应该如何处理? ……………… 38

例64. 我在登录 QP 系统时,系统报错"-10058",应该如何处理? ……………………………………………… 39

例65. 如果企业登录 QP 系统时,系统报错:"-10002";或用 EUS 进行系统更新时,系统报错:"-2001",应该怎么办? ………………………………………………… 39

例66. 我在登录 QP 系统时,系统报错"-10005",该怎么办? ………………………………………………………… 39

例67. 我在登录中国电子口岸预录入系统时,发现子系统图标为灰色,点击后提示"无权进入",该怎么办? ……… 39

例68. 我们在登录中国电子口岸预录入改进版系统时,系统报错"认证发生异常!无法获取IC卡签名信息,[卡策略模块]找不到配置文件:错误码=53840",该怎么办? ………………………………………………………… 39

例69. 我们在登录中国电子口岸预录入改进版系统时,系统报错"认证发生异常!无法获取IC卡签名信息,[读卡器底层库]复位读卡器失败:错误码=50070",该怎么办? ………………………………………………………… 40

例70. 如果登录中国电子口岸预录入改进版系统后,点击里面的任何子系统,系统都提示"创建 session 失败",该怎么办? ………………………………………………… 40

第六节 QP 产品激活管理 ………………………………… 40

一、QP 系统激活问题 40
  例 71. 我公司的电脑已经安装 QP 4.0 系统并且激活，在安装
         QP 改进版系统时是否需要再次激活？ 40
  例 72. QP 系统激活码是否有有效期限？ 40
  例 73. QP 客户端系统激活之后，如果更换电脑硬件或者主
         机，如何再激活客户端？ 40
二、激活时报错情况处理 41
  例 74. 我公司安装 QP 改进版系统后，输入激活码激活系统，
         系统提示"激活码错误：服务器响应信息：激活码无
         效"，是因为什么？ 41
  例 75. 我公司进行 QP 系统激活时，系统提示"初始化 IKEY
         失败，错误代码=50200"，应该怎么办？ 41
  例 76. 如果在激活时提示"客户端与激活码绑定的企业不一
         致"，是什么原因？ 41
  例 77. 我公司 QP 客户端系统激活后，如果电脑硬件或者电
         脑主机未作更换，只是把网络稍作调整，登录时系统
         提示"没有激活"，应该怎么办？ 41

第二章 联网核查系统常见问题 42
第一节 出口收汇 42
  系统操作常见问题 43
    例 78. 为何我登录中国电子口岸网站后二级页面的"出口收
           汇"子系统处于灰色状态？ 43
    例 79. 我公司变更了单位名称，但在外汇局领单时仍然显示
           旧的单位名称，如何解决？ 43
第二节 出口收结汇 43
  一、出口收结汇常用知识解析 44
    例 80. 企业各类贸易项下的可收汇额是如何计算的？ 44
    例 81. 出口收结汇系统所说的报关单数据与出口收汇系统中
           的报关单数据有何区别？ 44

例82. 我们在实际进出口业务中有时不需要报关，如样品邮寄。此类外汇收入应如何结出？ ………… 45

例83. 什么是来料加工超比例可收汇额？ ………… 45

例84. 来料加工比例内可收汇额是如何计算出来的？ ………… 45

例85. 我公司进行来料加工报关单结汇时，可以全部从"来料加工报关单比例内可收汇余额"内结汇吗？ ………… 45

二、系统操作常见问题 ………… 45

例86. 我们的企业法人和单位名称正在提出变更，对其结汇是否有影响？ ………… 45

第三节　出口退税 ………… 46

一、出口退税常用知识解析 ………… 46

例87. 国税局给企业办理退税是根据成交总价还是统计美元价？ ………… 46

例88. 结关信息是否影响企业做出口退税？ ………… 46

二、系统操作基本常识 ………… 46

例89. "出口退税"的报送操作和"出口收汇"交单操作在电子口岸申报操作时有没有先后顺序？ ………… 46

例90. 已经报送的数据，海关修改后再次传送到数据中心后，我还需要再次报送该数据吗？ ………… 46

例91. 在出口退税系统中，企业更改过海关10位代码，结关信息里还能查到旧的海关代码下的结关信息吗？ ………… 47

三、系统操作异常情况处理 ………… 47

例92. 我登录浏览器版程序主界面时，没有"出口退税"模块，但是"出口收汇"、"进口付汇"等模块是正常的，该怎么办？ ………… 47

例93. 我在数据报送中查找不到所需报关单数据，应如何处理？ ………… 47

例94. 我在电子口岸无法下载报关单怎么办？ ………… 47

例95. 我在数据报送前发现报关单数据有误，如何处理？ ………… 48

例96. 报关单改单后，海关重新签发出口退税证明联，我在出口退税状态查询里查询到的报关单状态是"修改后的报关单已向国税总局发送",而不是"国税总局已接受",该状态是什么原因? ················ 48

　例97. 我在进行退税时发现,国税局收到的价格与电子口岸查询到的成交总价不同,该怎么办? ················ 48

　例98. 我登录中国电子口岸执法系统后发现"出口退税"系统显示为灰色,该怎么办? ················ 48

第四节　进口付汇 ················ 48

　一、系统操作基本常识 ················ 49

　例99. 我公司的组织机构代码发生变更后,是否能查到以前的报关单数据? ················ 49

　二、系统操作异常情况处理 ················ 49

　例100. 我修改过报关单电子数据,现在银行端/外汇局端查到的报关单数据仍是更改之前的,该怎么办? ······· 49

第五节　进口增值税 ················ 50

　一、进口增值税常用知识解析 ················ 50

　例101. 抵扣单位的纳税人识别号在经营单位、申报单位确认后是否可以修改? ················ 50

　例102. 企业为什么要下载税单?是否可以直接打印税单? ··· 50

　例103. 企业下载税单的前提是什么? ················ 50

　例104. 进口增值税的税单,有几种方式可以去国税局抵扣? ················ 50

　例105. 税单确认中有3项:A. 经营单位抵扣,B. 经营单位指定抵扣单位抵扣,C. 抵扣单位确认。如果是一家自抵企业需要做哪些步骤?如果是一家他抵企业需要做哪些步骤? ················ 51

　例106. 企业补税的税单,是否可以进行进口增值税的确认? ················ 51

　例107. 电子口岸收到的税单数据,什么时间向国税传输? ··· 51

　二、系统操作常见问题 ················ 51

例 108. 清单下载时，输入的条件是什么？ …………… 51

例 109. 清单可以重复下载吗？其路径在哪里？ ………… 51

例 110. 我在税单确认中通过第一项（经营单位抵扣）可以找到数据，但是我想在第二项（经营单位指定抵扣单位抵扣）中确认，该怎么办？ ……………… 52

三、异常状态及报错处理 ……………………………………… 52

例 111. 我登录中国电子口岸执法系统，二级界面中的"进口增值税"为灰色，该怎么办？ ……………… 52

例 112. 我做增值税抵扣确认的时候，查询不到税单，该怎么办？ ………………………………………… 52

例 113. 纸质税单上的纳税人识别号是旧的，该怎么办？ …… 52

例 114. 当地国税局不要求做税单确认的企业去税务部门抵扣，没有柴票税单，该怎么办？ ……………… 52

第六节 网上支付 ………………………………………… 53

一、网上支付常用知识解析 ………………………………… 53

例 115. 四方协议的签订流程是什么？ …………………… 53

例 116. 网上支付可否实现异地支付业务？ ……………… 53

例 117. 网上支付时哪些单位可以作为"指定缴款单位"？ … 53

例 118. 网上支付的税单格式和类型有哪些？ …………… 54

例 119. 我在海关打印税单后是否仍能使用网上支付？ … 54

例 120. 在海关现场打印网上支付税单的时候，能否打印"双抬头"？ ……………………………………… 54

例 121. 我在进行网上支付时已经指定缴款单位，能否撤销？如何撤销？ ……………………………… 54

例 122. 我能否既采用柜台支付又采用网上支付？ ……… 54

二、系统操作基本常识 ……………………………………… 54

例 123. 网上支付的操作流程是什么？ …………………… 54

例 124. 我在进行银行端"数据备案"操作时应注意什么？ ……………………………………………… 56

例 125. 我如何进行网上支付的银行端备案？ …………… 56

例126. 网上支付过程中，如何修改报关单？ 56

例127. 网上支付过程中，如何删除报关单？ 56

例128. 我在使用网上支付系统时想备案新银行，应在"数据备案"中还是在"数据变更"中进行备案？ 56

例129. 我进行网上支付时使用的银行账号发生变更，如何修改银行账户？ 57

例130. 我在做网上支付时，收发货单位只显示名称不显示代码，是否会影响税单的打印？ 57

三、状态异常、错误提示集锦 57

例131. 网上支付子系统为何处于非激活状态？ 57

例132. 支付操作时账户信息为空且不能填写该怎么办？ 57

例133. 备案时输入联行号为什么不返填银行名称？ 58

例134. 银行为何长时间没收到企业的网上支付备案信息？ ... 58

例135. 我在进行网上支付时，无法查询到要支付的税单信息，该怎么办？ 58

例136. 我公司的企业名称进行了变更，已经在数据分中心制卡窗口完成变更，海关也已经审批通过，但是在做网上支付时，输入"缴款单位代码"，调出的还是旧名称，该怎么办？ 58

例137. 我在进行网上支付操作时，状态一直是"银行已收到支付请求，未完成（预）扣款"，该如何处理？ ... 59

例138. 我在进行网上支付操作时，提示"税单超出可支付金额"，该怎么办？ 59

例139. 我在进行网上支付操作支付关税时，页面出现乱码，支付初审提示"服务器验签失败！"该怎么办？ 59

例140. 我在进行网上支付操作时，状态是"（预）扣款失败（等待重新支付）"，该怎么办？ 59

例141. 我在进行网上支付初审时，提示"开户行名称与非空任意型匹配失败"，该怎么办？ 59

第三章 通关项目常见问题 60
第一节 报关申报（报关单、转关单） 60
一、报关相关业务常用知识解析 61
例142. 南方模式和北方模式的转关提前报关单有什么区别吗？ 61

例143. 清单是什么？归并的原则是什么？不同类型的清单报关单申报流程有什么区别？ 61

例144. 转关运输提前报关单的回执是哪些部门给出的？ 61

二、系统操作申报环节常见问题 61
例145. 我公司在申报报关单时，系统状态长时间停留在"上载申报发往数据中心"，该怎么办？ 61

例146. 我公司在申报报关单时，系统状态长时间停留在"已发往海关"，数据中心状态与我们系统状态不一致，该怎么办？ 61

例147. 我公司在申报进口转关提前报关单时，报关单状态一直停留在"成功入海关库"，但是我们联系申报地海关审核时，海关查不到数据，该怎么办？ 62

例148. 我公司申报报关单时，系统提示"经营单位和申报单位不一致"或"申报失败：申报单位与经营单位相同！"如图3-1所示，该怎么办？ 62

例149. 我公司申报报关单时，系统提示"申报失败：报关员注册企业与报关单申报单位不一致！"如图3-2所示，该怎么办？ 62

例150. 我公司申报报关单时，系统提示"申报失败：状态不对"，该怎么办？ 63

例151. 我公司申报报关单后，系统提示"申报失败：超范围报关！"该怎么办？ 63

例152. 我公司申报一般报关单时，系统提示"申报失败，状态不对"或"非审结"的其他状态，数据中心端状态为"审结"，该怎么办？ 63

三、数据调用、回执异常情况处理 ……………………… 63

例153. 我公司在录入转关提前报关单时,在录入境内运输
工具编号后调出来的还是旧名称,该怎么办? ……… 63

例154. 我公司在申报报关单时,为什么有的报关单收不到
海关的审结回执,在预录入系统中无法打印报关单?
……………………………………………………………… 63

四、删改单操作涉及问题 ……………………………………… 64

例155. 如何进行报关单的改单?结关之后能改单吗? ……… 64

例156. 我公司的报关单在海关删单后,通关单是否可以再
次使用? ………………………………………………… 64

五、退单的错误提示代码集锦 ………………………………… 64

例157. 我公司报关单被退单,系统提示"0068,进口舱单
未经确认",该怎么办? ………………………………… 64

例158. 我公司报关单被退单,系统提示"0069,提运单号
在进口舱单中找不到",该怎么办? …………………… 64

例159. 我公司报关单被退单,系统提示"0099,经营单位
超期或被布控",该怎么办? …………………………… 65

例160. 我公司报关单被退单,系统提示"0118,申报单位
未备案、无报关权或企业不允许异地报关",该怎么办?
……………………………………………………………… 65

例161. 我公司报关单被退单,系统提示"0178,统计逻辑
检查不能通过",该怎么办? …………………………… 66

例162. 我公司报关单被退单,系统提示"0037,进出口岸
与加工贸易备案手册不符",该怎么办? ……………… 66

例163. 我公司报关单被退单,系统提示"0318,许可证商
品未输入许可证号",该怎么办? ……………………… 66

例164. 我公司报关单被退单,系统提示"0319,许可证号
为非法码",该怎么办? ………………………………… 66

例165. 我公司报关单被退单,系统提示"0337,手册已暂
停执行或银行台账通知单未登记",该怎么办? …… 67

例 166. 我公司报关单被退单，系统提示"0409，电子账册超报核时间未报核"，该怎么办？ …………… 67

例 167. 我公司报关单被退单，系统提示"0527，申报数量超过加工贸易手册备案允许数量"，该怎么办？ …… 67

例 168. 我公司报关单被退单，系统提示"0608，成交币制代码不合法"，该怎么办？ …………………… 67

例 169. 我公司报关单被退单，系统提示"0598，申报单价为非法数值"，该怎么办？ …………………… 68

例 170. 我公司报关单被退单，系统提示"0617，申报货值超过征免税证明允许额度"，该怎么办？ ……… 68

例 171. 我公司报关单被退单，系统提示"0758，含已暂停进出口的商品"，该怎么办？ ………………… 68

例 172. 我公司在申报报关单时，海关电子审核退单，提示"4200，关区 2011 年 10 月 26 日缴款期限没有维护"，该怎么办？ …………………………………… 68

例 173. 我公司报关单被退单，系统提示"报关员超期"，该怎么办？ …………………………………………… 69

例 174. 我公司报关单被退单，系统提示"无运抵报告"，该怎么办？ …………………………………………… 69

例 175. 我公司在申报报关单时，被数据中心退单，退单回执提示"没有申报权限，请办理现场授权"，该怎么办？ …………………………………………………… 69

例 176. 我公司在申报报关单时，系统提示"报关员超范围报关"，该怎么办？ ………………………………… 69

第二节　快件管理 …………………………………………… 69
　一、快件业务常用知识解析 …………………………… 70
　　例 177. 什么样的企业需要使用快件管理系统？ ……… 70
　　例 178. 海关对快件货物申报时效有哪些要求？ ……… 70
　二、系统安装及授权相关问题 ………………………… 70
　　例 179. 我要安装快件 2.1（Server）版管理系统，需做哪些

准备工作？ …………………………………………………… 70

例180. Server版快件系统是否可与报关预录入系统共用服务器？

………………………………………………………………… 70

例181. 我公司想增加快件管理权限，该如何办手续？ ……… 71

三、系统操作常见问题 ………………………………………… 71

例182. 使用服务器版快件申报系统，需要注意哪些问题？ … 71

例183. 快件系统单据的申报先后顺序是什么？ ……………… 71

例184. 我们在进行打印操作时，每行均不能完全打印，该

怎么办？ …………………………………………………… 71

例185. 我们在进行打印操作时，页面上显示的验放指令是

"数字不是汉字，即未经翻译"，该怎么办？ …………… 71

例186. 我们在使用脱机版的快件管理程序时，当舱单或报

关单数据上载后，重新修改分运单或报关单表体的

某些数据并保存后，数据仍然没有修改，该怎么办？

………………………………………………………………… 71

例187. 我公司在使用Server方式并用加密卡进行加密时，数

据不能正常发送，查日志后显示"DeInit Card！G

nCardInitFlag：1"等字样，该怎么办？ ………………… 72

四、错误提示代码集锦 ………………………………………… 72

例188. 我公司在申报进口舱单或出口报关单后，系统提示

"发送未返回"，该怎么办？ …………………………… 72

例189. 我公司在进行数据上载（申报）时，系统提示"此

计算机上的安全设置禁止访问其他域上的数据源"，

该怎么办？ ………………………………………………… 72

例190. 我公司收到的退单回执中提示"无此企业信息"，该

怎么办？ …………………………………………………… 73

第三节 新舱单系统及运输工具动态管理系统 ……………… 73

一、舱单相关业务常用知识解析 ……………………………… 73

例191. 在海运进口舱单申报流程中，运输工具代理人（船

代）、港口（码头）、理货三方各需要涉及的申报环

节都包括什么内容？ …………………………………… 73

二、新舱单系统使用申请及授权相关问题 ………… 74
例192. 我们是一家新舱单的企业，如何申请权限？ ………… 74
例193. 什么样的企业可以使用自动导入功能，有自动导入权限的用户如何操作舱单业务？ ………………… 74
例194. 所有做舱单的企业都需要配置邮箱ID吗？其意义是什么？ ……………………………………………… 74
例195. 在新、旧系统录入舱单，是否都需要注册邮箱ID？ ……………………………………………………… 74
例196. 我公司已有电子口岸IC卡，在使用新舱单系统时还需要重新制卡吗？如果不用重新制卡还需要进行哪些操作？ …………………………………………… 75

三、系统操作常见问题 ……………………………… 75
例197. 新舱单系统数据采集方式是什么？ ………………… 75
例198. 新舱单系统的接入方式有哪几种？ ………………… 75
例199. 运输工具动态系统中录入的数据如果有误，应如何进行修改？ ……………………………………… 75
例200. 新舱单系统的参数字段注意事项有哪些？ ………… 76
例201. 我公司在录入舱单时，A操作员卡录入的舱单信息，B操作员卡是否可以查到？ ……………………… 76
例202. 新舱单系统涉及的所有操作类型单据是否可以在该系统查询到回执？ ……………………………… 76
例203. 我公司在新舱单系统中录入的数据出现错误，应如何进行修改？ ………………………………………… 76

四、状态异常、错误提示集锦 ……………………… 77
例204. 我公司在申报舱单后，海关内网长时间收不到数据，该怎么办？ ……………………………………… 77
例205. 我公司在申报舱单后，系统提示"报文发送方式代码与舱单申报不一致"，该怎么办？ ……………… 77
例206. 我公司在新舱单系统生成报文后，在传输平台点击

"收发"时，系统提示"文件超过限制大小"，该怎么办？ …………………………………………………………… 77

第四节　减免税管理 ……………………………………… 77

一、减免税业务常用知识解析 …………………………… 78

例 207. 进出口征免税证明申请分为哪三类？ ………… 78

例 208. 项目备案是否可以变更？ ……………………… 78

例 209. 征免税证明是否可以变更？ …………………… 78

二、系统操作常见问题 …………………………………… 78

例 210. 我公司在 QP 系统开展减免税业务，具体操作流程是什么？ …………………………………………… 78

例 211. 项目备案变更应该注意些什么？ ……………… 79

例 212. 数据录入时出现黄色或红色录入框，如图 3-7 所示，该怎么办？ …………………………………… 81

例 213. 减免税后续货物退运，免表录了三项，但是只退运一项，录入货物退运时输入免表号调用出三项，其他两项应如何删除？ …………………………… 81

例 214. 我公司的项目备案已经申报，但其数据项录入错误，该怎么办？ …………………………………… 82

三、状态异常、错误提示集锦 …………………………… 82

例 215. 我公司进行项目备案或征免税证明申报后，发现"申报地海关"填写错误，该怎么办？ …………… 82

例 216. 我公司录入报关单时，在备案号里输入免表号，回车后会自动下载免表数据，但是调出的合同号错误，该怎么办？ …………………………………… 83

例 217. 我公司在进行项目备案和征免税证明的数据申报成功后，系统状态长时间停留在"入海关库"，该怎么办？ …………………………………………………… 83

例 218. 我公司已成功下载项目备案，但在录入有备案无清单的减免税证明时，输入减免税项目统一编号后，无法自动调出减免税项目备案信息，该怎么办？ …… 83

例219. 我公司在进行项目备案或免表申报后,海关端状态为"退单",我们系统长时间停留在"海关审批通过"状态,该怎么办? ………… 83

例220. 我公司在"数据查询"中查询出的数据当前状态和在"回执查询"中查询出的回执信息不一致,该怎么办? ………… 83

例221. 我公司在做项目备案变更时,被海关以"变更次数大于允许变更次数"原因退单,该怎么办? ………… 84

例222. 我公司的数据被退单,立项日期也不能修改,该怎么办? ………… 84

例223. 我公司在做备案数据下载中下载项目备案或免表时,系统弹出提示框"插入失败",该怎么办? ………… 84

例224. 我公司在做报关单退单时,系统提示"商品用汇额度超过项目备案剩余用汇额度",该怎么办? ………… 84

第五节 公自用物品系统 ………… 84

例225. 我公司在进行非居民长期旅客物品申请,退单提示"查找物品表失败",该怎么办? ………… 84

例226. 我公司在进行非居民长期旅客物品申请,退单提示"提单号不存在",怎么办? ………… 85

第六节 新企管系统 ………… 85

例227. 我公司在网上办事平台上申请变更注册信息中的投资关系表,点击"申请"后,系统提示"此状态不允许申报,请技术人员协助处理",该怎么办? ……… 85

例228. 我公司在进入新企管系统后,在企业注册登记页面内进行企业注销申请操作,输入海关编号后,系统提示"该企业信息已存在,并且其状态不允许进行企业注销申请",该怎么办? ………… 86

例229. 我公司在进行企业注册变更操作时,数据已经暂存成功,但在查询统计申请单查询界面中找不到暂存的数据。我们又重做企业注册变更操作,想重新暂存申报。点完"暂存"后，系统提示"服务器响应信息当前状态处于变更中不允许修改"，该怎么办？ 86

例 230. 我公司在做报关员注册登记后，在做印卡操作的时候，无法查询到报关员卡的信息，在印卡失败里面也没有找到数据，该怎么办？ 86

第四章 加工贸易项目常见问题 87
第一节 电子账册 87
一、电子账册业务常用知识解析 88
例 231. 什么是账册报核？ 88
例 232. 电子账册预报核与正式报核，分别都报些什么？ 88
例 233. 中期核查的数据结构，包括哪几部分？ 88
例 234. 归并关系数据结构，包括哪几部分？ 89
例 235. 电子账册系统中的报关单分批报送，是指什么？ 89
例 236. 在本核销周期内，进行预报核后，还能进行分批报送吗？ 89

二、系统操作常见问题 89
例 237. 账册报核"表头"信息界面里面的"录入日期"是必填项吗？ 89
例 238. 电子账册系统如何录入内销征税联系单？内销征税如何报关？ 89
例 239. 经营单位在做企业间授权时输入报关公司的海关代码时提示授权成功，但是关掉页面后重新进入时却看不到授权信息，应如何处理？ 90

三、数据变更相关问题 91
例 240. 我公司做归并关系变更时，只变更了归并前数据，归并后数据不变，电子账册是否需要变更？ 91
例 241. 如何变更手册中的企业名称？ 91

四、状态异常、错误提示集锦 91

例 242. 我公司在使用 QP 系统时，录入数据后，点击生成报文时报错"该企业配置了多个 host_id，但是此关区没有配"，如图 4-2 所示，应如何处理？ …………… 92

例 243. 我公司做电子账册变更时，被海关退单，提示"海关已经收到账册变更预录入数据，无法接收初审数据"，应如何处理？ …………… 92

例 244. 我公司做电子账册变更时提示"该卡无操作数据权限"（如图 4-3 所示），应如何处理？ …………… 92

例 245. 我公司做归并关系变更时被退单，提示"归并前（后）报文第 n 条数据长度不足，第 n+1 条发现未知数据标识"，应如何处理？ …………… 93

例 246. 我公司在进行经营范围变更时，提示"该卡无操作数据权限"（如图 4-4 所示），应该怎么办？ …………… 93

例 247. 我公司进行归并关系变更时被退单，提示"归并前货号×××项，无对应归并后×××项，在归并成品中无备案"，应该怎么办？ …………… 93

例 248. 我在做报文发送后被退单，提示"验签失败，请与数据中心联系"，该怎么办？ …………… 94

例 249. 我公司做电子账册备案时被海关退单，提示"账册已复审通过，无法接收初审数据，请检查内部编号"，应如何处理？ …………… 94

例 250. 我公司第一次做预报核，被海关自动退单，原因是"报核日期大于最后一次报核后一天"，应如何处理？ …………… 94

例 251. 我公司使用 QP 系统，电子账册预报核进行报关单自动提取时出错，提示"连接服务器失败"，并出现部分 HTML 信息，应如何处理？ …………… 95

例 252. 我公司进行报核时，在 H2000 系统中提示"入库失败"，原因是报核的报关单号有重复，怎么办？ …………… 95

第二节 电子手册 …… 95

一、备案相关问题 …… 95

例 253. 什么是电子手册系统通关备案、物料备案与合同备案？三者之间有何关系？ …… 95

例 254. 我公司进行合同备案时，可否将商品编码前 4 位一致的数据，备案成一条经营范围数据？ …… 96

二、系统操作常见问题 …… 96

例 255. 电子手册内销征税申请表录入需注意什么？ …… 96

例 256. 数据报核界面中"导入"按钮的作用是什么？ …… 96

例 257. 我公司进行清单申报后，为何在清单查询中其状态仍然为"暂存未上载"？ …… 96

例 258. 我公司对某项数据进行修改后，点击"暂存"按钮，系统已提示"成功保存"，为何该数据仍会恢复到修改前状态？ …… 97

三、状态异常、错误提示集锦 …… 97

例 259. 我公司录入数据完毕暂存时，系统弹出提示框"无法连接企业信息数据库"，该怎么办？ …… 97

例 260. 我公司进行通关备案录入时，点击"调用归并"按钮，为何提示"通关备案中包含手工输入数据，不许调用归并关系"？ …… 97

例 261. 我公司操作物料备案/归并关系备案/BOM 备案申报后，为何一直处于"数据申报成功"状态？ …… 97

例 262. 物料备案、合同备案及通关备案海关审批通过后，为何企业在数据查询中查看不到该备案信息？ …… 97

例 263. 海关审批物料备案时，提示"审批失败，无法连接企业信息数据库"？ …… 98

例 264. 我公司进行电子手册清单成功申报后，为何在报关申报系统单据查询界面中查询不到该清单所生成的报关单？ …… 98

例 265. 我公司进行清单查询时，已选择查询"全部数据"，

为何仍提示"无法查询：无可用的电子手册备案数据"？ ………………………………………………………… 98

例266. 电子手册在海关审批通过后，不能正常授权，点击"保存"时报错"用户签名失败"，该怎么办？ ……… 98

第三节 无纸化手册 ……………………………………………… 98

一、系统操作常见问题 ………………………………………… 99

例267. 无纸化手册系统的主体操作流程是什么？ …………… 99

例268. 调用备案资料库的操作流程是什么？ ……………… 107

例269. 料件/成品表的录入流程是什么？ ………………… 109

例270. 数据报核报关单录入流程是什么？ ………………… 110

二、数据变更相关问题 ……………………………………… 111

例271. 我公司进行备案资料库变更时，发现"计量单位"这一项之前可修改，但现在为灰色，且不可修改。应如何处理？ ……………………………………… 111

例272. 我公司进行通关手册备案或变更时，原先共备案了20项成品，但登录预录入系统4.0查看，发现成品第10项之后的数据都看不到了，手册当前状态为"审批通过"，应如何处理？ ……………………… 111

例273. 我公司查看备案资料库时，在查询列表里有两条一样的备案资料库记录，而且我们无法做备案资料库的变更，应如何处理？ …………………………… 112

三、状态异常、错误提示集锦 ……………………………… 112

例274. 我公司进行无纸化手册的通关手册变更或者备案时被退单，提示"电子手册正审核，无法接收初审数据"，应如何处理？ ……………………………… 112

例275. 我公司进行通关手册备案或变更时，发送数据后企业端显示"成功入海关库"，企业与海关确认已经审批通过了，应如何处理？ ………………………… 112

例276. 我公司操作通关手册备案或变更时，系统显示状态为"退单"。现在企业修改信息后发现，处理标志为修

改状态，应该为新增，应如何处理？ ……………… 112

例277. 我公司进行通关手册变更时，发送后被退单，提示"超出备案资料库"。我们查询到调出的资料库不是本企业的，应如何处理？ ……………………………… 112

例278. 我公司进行通关手册备案或者变更时，发现状态一直是"成功入海关库，联系海关"，但海关看不到企业信息，应如何处理？ …………………………… 113

例279. 通过手册变更，在暂存时提示错误，内容为"PRE_PTS_EMS_HEAD：0：DECLARE_CODE：数据越界（10）"，应如何处理？ ……………………………… 113

例280. 我公司进行备案资料库变更时，新增加第5项料件，申报后被退单。退单提示"数据已存在，不允许变更"，应如何处理？ ……………………………… 113

例281. 我公司进行通关手册备案或者变更时，企业端显示状态为"入数据中心库失败，数据中心处理结果，当前接收不符合逻辑"，应如何处理？ ………… 113

第四节　内销征税管理 …………………………… 114

一、内销征税业务常见问题 ………………………… 114

例282. 加工贸易内销分为哪几个种类？ ……………… 114

例283. 加工贸易内销征税业务，必须基于什么进行操作？ ………………………………………………… 114

例284. 加工贸易内销征税联系单的编码规则是什么？ ……… 115

例285. 加工贸易内销征税中，申报单与联系单的区别和联系是什么？ ……………………………………… 115

二、系统操作常见问题 ……………………………… 115

例286. 加工贸易内销征税数据申报后，需要经过哪几个步骤？ ………………………………………………… 115

例287. 我公司进行内销征税联系单录入时，手册中商品有法定单位，但是录入内销征税时调不出法定单位，是什么原因？ …………………………………… 115

例288. 怎样利用内销征税联系单，进行报关单的录入？ …… 115

例289. 料号级申报单如何录入？如何生成项号级申报单？
　　　 …………………………………………………………… 116

例290. 我公司进行电子手册边角料内销录入清单时，边角料没有在手册中备案，该如何调用？ ……………… 116

例291. 进行电子账册内销征税申请表录入时有哪些注意要点？ ……………………………………………………… 116

三、错误提示集锦 …………………………………………… 117

例292. 我公司申报内销补税联系单时，退单提示"缓税利息计算错误"，该怎么办？ …………………………… 117

例293. 我公司申报内销征税联系单时，退单提示"法定单位不正确"，但是联系单上法定单位确实是税则规定单位，是什么原因？ …………………………………… 117

例294. 我公司申报内销征税联系单时，退单提示"同一料件项号中原产国重复"，该怎么办？ ……………… 118

第五节　深加工结转 ……………………………………… 118

一、深加工结转业务常见问题 ……………………………… 119

例295. 深加工结转的报关步骤是什么？ ………………… 119

例296. 深加工结转业务如何分类？其主要区别是什么？ … 119

例297. 结转申请表与企业及手册的对应关系是什么？ … 119

例298. 同一个企业两本手册能否做深加工结转？ ……… 120

例299. 一份结转进口报关单可以对应多份结转出口报关单吗？
　　　 …………………………………………………………… 120

二、系统相关表格表体及编号规则 ………………………… 120

例300. 收发货单表体包括哪两部分内容？它们各自的属性是什么？ ……………………………………………… 120

例301. 收发货单编号的规则是什么？ …………………… 120

例302. 申请表电子口岸统一编号及申请表编号，是在什么条件下生成的？ ………………………………………… 120

例303. 一般保税货物结转申请表的编号规则是什么？ …… 121

例 304. 出口加工区货物结转申请表的编号规则是什么？ …… 121
例 305. 外发加工申请表的编号规则是什么？ …………… 121
三、系统录入、申报相关问题 …………………………… 121
例 306. 出口加工区货物深加工结转预录入的操作方法是什么？
…………………………………………………………… 121
例 307. 收发货单的数据录入及使用规范分别是什么？ ……… 123
例 308. 我公司录入深加工结转报关单时，除需要按报关单
系统的录入规范填制相关内容外，还需要录入哪些
内容？ …………………………………………………… 123
例 309. 系统中企业内部编号的录入要求是什么？ ………… 123
例 310. 结转申请表申报的数据流转是怎样的过程？ ……… 124
例 311. 加工结转收发货单的申报流程是什么？ …………… 124
例 312. 结转申请表的不同状态，对数据的影响有哪些？ …… 124
四、错误提示集锦 …………………………………………… 124
例 313. 我公司下载发货单时，提示"转出企业的状态不满
足下载条件，不能下载"，该怎么办？ ………………… 124
例 314. 我公司的报关单被退单，原因是"……结转申请表
超期"，但是申请表中没有有效期，该怎么办？ …… 124
例 315. 我公司的申请表被退单，提示"转出企业有超期未
报核手册，手册号×××"，该怎么办？ ……………… 125
例 316. 我公司录入申请表时，转出备案被退单，提示"转
出备案第×××项料件与转出备案的商品规格型号
不一致"，该怎么办？ ………………………………… 125

第五章　区域项目用户常见问题 ………………………………… 126
　第一节　保税监管平台 ………………………………………… 126
　　一、保税监管业务常用知识解析 …………………………… 126
　　例 317. 保税仓中的"归并"是什么意思？ ………………… 126
　　例 318. 保税仓中的"拆分"是什么意思？ ………………… 127
　　例 319. 保税仓的15种出入库方式是什么？ ……………… 127

二、仓库基本信息备案及操作员备案 …………………… 127
- 例320. 公共保税仓库是否需要对外商逐一备案？………… 127
- 例321. 保税仓企业操作员卡分为几种？权限分别是什么？
  …………………………………………………………… 127
- 例322. 同一保税仓企业可否办多张操作员卡？………… 128
- 例323. 我公司领取操作员卡后，如何才能使卡生效？海关进行组号授权的规则是什么？………………………… 128

三、清单报关单填写规范及保税仓备案 …………………… 128
- 例324. 申报地海关、进出口岸的填写要求是什么？………… 128
- 例325. 商品货号、规格型号的填写规范是什么？…………… 129
- 例326. 报关单与对应的报关清单的经营单位、收货单位、申报单位是否可以不一致？………………………… 129
- 例327. 我公司进行仓库备案时，提示"该卡无权操作此仓库数据"，该怎么办？…………………………… 129
- 例328. 我公司进行仓库备案时，提示"该企业尚未在数据中心注册"，被退单，该怎么办？……………………… 130
- 例329. 我公司进行仓库备案时，光标返回企业内部编号，该怎么办？……………………………………………… 130
- 例330. 我公司进行仓库变更时，提示"该卡无权操作该仓库数据"，该怎么办？…………………………… 130
- 例331. 我公司在做J账册仓库备案时，是否需要备案元件表？
  …………………………………………………………… 131

四、系统操作常见问题 ……………………………………… 131
- 例332. 预录入号是否可以修改？………………………… 131
- 例333. 系统中某字段录入完毕后变为红色，该怎么办？…… 131
- 例334. 我公司在录入清单表头数据退出系统后，该如何继续录入表体数据？………………………………… 131
- 例335. 出库清单征免方式的修改方法是什么？……………… 131
- 例336. 我公司是否可以修改出库清单的货物单价？………… 131

例 337. 我们在进行仓库备案时,修改表体变更的方法是什么?
.... 131
例 338. 录入入库清单的条件是什么? ················· 132
例 339. 我们在录入进口清单时,如果没有分运单号,该怎么办? ·· 132
例 340. 集中报关清单发票号如何修改? ············· 132
例 341. 库存查询中是否有打印功能? ················· 133
例 342. 系统是否有自动拆分超过 20 项表体数据的功能? ··· 133
例 343. 保税仓系统中,是否有转关功能? ········· 133

五、状态异常处理及错误提示代码 ····················· 133

例 344. 我公司在进行出库清单时,提示"申报数量大于可出库数量",如图 5-1 所示,无法申报,产生原因是什么?该怎么办? ································· 133
例 345. 我公司进行清单申报后,状态长时间提示"上载申报发往数据中心",该怎么办? ············· 134
例 346. 我公司进行清单申报后,状态长时间提示"等待审批"或"转人工审核,等待审批",该怎么办? ··· 134
例 347. 我公司进行清单申报后,被自动审核退单,回执提示"禁止操作",该怎么办? ····················· 134
例 348. 我公司在进口清单初审中已经通过,但在库存查询中没有相应数据,该怎么办? ····················· 134
例 349. 为什么我公司在报关单申报时,总是提示"录入错误"? ·· 135
例 350. 在集中报关的报关单没有申报前,删除了该份报关单,应如何继续操作? ····················· 135
例 351. 我公司在进行集中报关时,出库清单查询不到,如图 5-2 所示,该怎么办? ······················· 135
例 352. 我公司在集中报关清单申报时,发现表体数据录入有误,但这些数据无法修改,该怎么办? ············· 136
例 353. 我公司的工具查询到新件库存总金额报表数据,导出至

　　　　Excel 表格中打印，不能正常打印，该怎么办? ……… 136

　例 354. 我公司在进入 QT 时，提示"IC 无权限错误"，该怎
　　　　么办? ………………………………………………… 136

　例 355. 我公司在清单审核通过后需要对清单进行修改，应
　　　　使用什么功能? ……………………………………… 136

　例 356. 海关已做删单处理，我公司系统清单状态仍为"清
　　　　单审核通过"，该怎么办? ………………………… 136

第二节　公路口岸 ……………………………………………… 137

　一、公路口岸业务常用知识解析 ……………………………… 137

　例 357. 什么是附重空车? ……………………………………… 137

　例 358. 解除承运的条件是什么? ……………………………… 137

　例 359. 一辆车可以捆绑多少清单，有什么条件? …………… 138

　例 360. 不纳入自动核放通道验放的车辆包括哪些情况? …… 138

　二、系统版本与登录问题 ……………………………………… 138

　例 361. 公路口岸脱机版为记事本模式，我公司无法正常录
　　　　入，该怎么办? ……………………………………… 138

　例 362. 我公司重新安装公路口岸脱机版后，原有的数据是
　　　　否会丢失? …………………………………………… 139

　例 363. 如何删除公路口岸脱机版的数据? …………………… 139

　三、异地企业使用系统问题 …………………………………… 139

　例 364. 我们是异地关区的企业，如何签订公路口岸承运申
　　　　报传输服务费的扣款合同书? ……………………… 139

　例 365. 我们是异地关区的企业，应该如何缴纳数据传输服
　　　　务费? ………………………………………………… 139

　例 366. 我们是异地企业，在做公路口岸车辆承运业务时，
　　　　已与深圳招商银行新洲支行签订协议，招商银行在
　　　　录入我们企业资料时系统出错，提示"RA 库中无该
　　　　企业"，无法备案，该怎么办? …………………… 139

　四、数据录入与申报问题 ……………………………………… 140

　例 367. 我公司在业务统计功能中，无法选择本年年份或月份，

如图 5-4 所示，该怎么办? ………………………… 140

例 368. 公路口岸清单中总重量有小数点，我们应该如何填写? … 140

例 369. 转关车承运中的牵引托架的编号和规格、重量的填写方法是什么? ………………………………… 140

例 370. 我们是一家企业，如果用一车拖两个 20 尺的货柜，其中一个柜有货物，另一个柜是空柜，在做转关车过境申报时，空柜要不要也录入集装箱号? ………… 141

例 371. 我公司在录入清单时，未录入统一载货清单号或录入了错误的统一载货清单号，该怎么办? …………… 141

例 372. 一份清单最多可以录入几项商品? 一辆车最多可以承运多少份清单或报关单? ………………………… 141

例 373. 我公司在录入进出口清单时，如果遇到备案商品的序号和商品名称、规格是一致的，只是原产国不同，是否可以同时录入备案序号相同的商品? …………… 141

例 374. 我公司在 8 月 5 日录入申报清单时，电脑显示录入时间为 8 月 4 日，而且无法正常申报，该怎么办? …… 142

例 375. 一份清单暂存号申报后生成两份内容相同号码不同的清单，该怎么办? …………………………………… 142

例 376. 加工贸易手册正在变更过程中，我公司是否可以通过电子口岸申报清单? ……………………………… 142

例 377. 我公司在公路口岸申报的进出口清单，具体什么时候可以核扣手册（账册）数量? ……………………… 142

例 378. 公路口岸的审结/过境回执在系统中保留多少天? … 142

五、承运相关问题 ………………………………………… 143

例 379. 公路口岸清单申报及车辆承运晚上什么时间无审核回执? …………………………………………………… 143

例 380. 我公司进行申报出口清单时，车辆在境外，是否可以用该车辆进行承运操作? ………………………… 144

例 381. 我公司在进行新备案时，车辆无法操作承运，分中心查询到该车辆的备案信息中组织机构代码栏为空，

该怎么办？ …………………………………………………… 144

例382. 我公司的清单已审核，但在货运委托里查不到该票清单，该怎么办？ ……………………………………… 144

六、错误提示代码集锦 …………………………………… 144

例383. 我公司报关单在公路口岸无法承运，在热线查询的单据状态为"错误〈承运标志1，但状态表中不存在记录〉"，该怎么办？ ……………………………………… 144

例384. 我公司在公路口岸下载手册时，系统提示："您的企业编号与手册中的企业编号不一致，没有权限下载"，如图5-9所示，该怎么办？ ………………… 145

例385. 我公司在公路口岸下载手册时，系统提示"程序出错，请拨打数据中心客服热线010-95198"，该怎么办？ …………………………………………………… 145

例386. 我公司已在公路口岸下载手册，并在脱机版中录入清单，申报后被退单，系统提示"没有备案手册"，该怎么办？ ……………………………………………… 146

例387. 我公司在清单暂存时，系统提示"系统无法确定该清单类别属于料件还是成品，操作失败"，该怎么办？ …………………………………………………… 146

例388. 我公司在申报清单时，系统提示"错误，手册B530XXXXXXXX不能做清单集中申报，请使用报关单在主管海关进行逐单申报"，该怎么办？ ………… 146

例389. 我们是江门的企业，在做转关车申报时，输入江门车场的代码后，系统提示"无此代码"，该怎么办？ …………………………………………………… 146

例390. 我公司在做清单申报或承运申报时，系统提示"已经欠费，限制申报"，在银行缴纳现金后，仍无法正常申报，该怎么办？ ……………………………… 147

例391. 我公司在做转关车承运时，系统提示"转关单号码重复"，该怎么办？ ……………………………………… 147

例 392. 我公司在操作承运申报业务时，系统提示"错误状态：已承运，但不存在捆绑关系"，该怎么办？ …… 147

例 393. 我公司在公路口岸操作报关单承运时，系统提示"对不起，1 部车不能承运超过 99 份单据，申报失败"，该怎么办？ …………………………………… 147

例 394. 我公司在公路口岸脱机录入中输入手册号时，系统提示"无此号码！"如图 5 – 12 所示，该怎么办？ …………………………………………………………… 148

例 395. 我公司在操作清单承运申报时，系统提示"一次只能绑定进口或出口一种单据"，无法成功申报，该怎么办？ ………………………………………………… 148

例 396. 我公司在运输承运捆绑时，系统提示"报关清单预录入点只能代理清单申报，不能代理承运申报"，该怎么办？ ………………………………………………… 148

例 397. 我公司的报关单被海关查车后，操作车辆已经解除承运，海关回执为"不同意解除"，该怎么办？ …… 149

例 398. 我公司的清单被退单，退单提示"该电子口岸清单重号或写库不成功"，该怎么办？ ……………………… 149

例 399. 我公司的清单被退单，退单提示"商品编码不符，必须修改"。该怎么办？ …………………………… 149

例 400. 我公司的清单被退单，退单提示"商品编码与备案时不同"，该怎么办？ ………………………………… 149

书目介绍

乐 贸 系 列

书名	作者	定价	书号	出版时间

📖 外贸操作实务子系列

书名	作者	定价	书号	出版时间
1. 出口营销实战（第三版）	黄泰山	45.00 元	978-7-80165-932-3	2013 年 1 月第 3 版
2. 外贸实务疑难解惑 220 例	张浩清	38.00 元	978-7-80165-853-1	2012 年 1 月第 1 版
3. 外贸高手客户成交技巧	毅 冰	35.00 元	978-7-80165-841-8	2012 年 1 月第 1 版
4. 外贸纠纷处理实务——案例与技巧	熊志坚	35.00 元	978-7-80165-789-3	2011 年 1 月第 1 版
5. 报检七日通	徐荣才 朱瑾瑜	22.00 元	978-7-80165-715-2	2010 年 8 月第 1 版
6. 实用外贸技巧助你轻松拿订单	王陶（波锅涅）	25.00 元	978-7-80165-724-4	2010 年 4 月第 1 版
7. 外贸业务经理人手册（第 2 版）	陈文培	39.00 元	978-7-80165-671-1	2010 年 1 月第 1 版
8. 外贸会计实务精要	疏 影	28.00 元	978-7-80165-633-9	2009 年 5 月第 1 版
9. 外贸实用工具手册	本书编委会	32.00 元	978-7-80165-558-5	2009 年 1 月第 1 版
10. 外贸实务经验分享 33 例	沱沱网中文站	28.00 元	978-7-80165-560-8	2009 年 1 月第 1 版
11. 外贸实务案例精华 80 篇	刘德标 吴珊红	29.80 元	978-7-80165-561-5	2009 年 1 月第 1 版
12. 快乐外贸七讲	朱芷萱	22.00 元	978-7-80165-373-4	2009 年 1 月第 1 版
13. 外贸七日通（最新修订版）	黄海涛（深海鱿鱼）	22.00 元	978-7-80165-397-0	2008 年 8 月第 3 版
14. 金牌外贸业务员找客户——17 种方法·案例·评析	陈念祥 张思羽	35.00 元	978-7-80165-543-1	2008 年 8 月第 2 版
15. 出口营销策略（《出口营销实战》升级版）	黄泰山 冯斌	35.00 元	978-7-80165-459-5	2008 年 5 月第 1 版

📖 出口风险管理子系列

书名	作者	定价	书号	出版时间
1. 轻松应对出口法律风险	韩宝庆	39.80 元	978-7-80165-822-7	2011 年 9 月第 1 版
2. 出口风险管理实务（第二版）	冯 斌	48.00 元	978-7-80165-725-1	2010 年 4 月第 2 版
3. 50 种出口风险防范	王新华 陈丹凤	35.00 元	978-7-80165-647-6	2009 年 8 月第 1 版

📖 外贸单证操作子系列

书名	作者	定价	书号	出版时间
1. 跟单信用证一本通	何源	35.00 元	978-7-80165-849-4	2012 年 1 月第 1 版
2. 信用证审单有问有答 280 例	李一平 徐珺	37.00 元	978-7-80165-761-9	2010 年 8 月第 1 版
3. 外贸单证经理的成长日记	曹顺祥	38.00 元	978-7-80165-716-9	2010 年 3 月第 1 版

书名	作者	定价	书号	出版时间
4. 外贸单证解惑 280 例	龚玉和　齐朝阳	38.00 元	978-7-80165-638-4	2009 年 7 月第 1 版
5. 信用证 6 小时教程	黄海涛（深海鱿鱼）	25.00 元	978-7-80165-624-7	2009 年 4 月第 2 版
6. 跟单高手教你做跟单	汪　德	32.00 元	978-7-80165-623-0	2009 年 4 月第 1 版

福步外贸高手子系列

书名	作者	定价	书号	出版时间
1. 巧用外贸邮件拿订单	刘裕	45.00 元	978-7-80165-966-8	2013 年 8 月第 1 版
2. 小小开发信　订单滚滚来——外贸开发信写作技巧及实用案例分析	薄如骢	26.00 元	978-7-80165-551-6	2008 年 8 月第 1 版
3. 外贸技巧与邮件实战	刘　云	28.00 元	978-7-80165-536-3	2008 年 7 月第 1 版

国际物流操作子系列

书名	作者	定价	书号	出版时间
1. 货代高手教你做货代——优秀货代笔记	何银星	25.00 元	978-7-80165-696-4	2010 年 1 月第 1 版
2. 国际物流操作风险防范——技巧·案例分析	孙家庆	32.00 元	978-7-80165-577-6	2009 年 4 月第 1 版

通关实务子系列

书名	作者	定价	书号	出版时间
1. 外贸企业轻松应对海关估价	熊　斌　赖　芸　王卫宁	35.00 元	978-7-80165-895-1	2012 年 9 月第 1 版
2. 报关实务一本通（第 2 版）	苏州工业园区海关	35.00 元	978-7-80165-889-0	2012 年 8 月第 2 版
3. 如何通过原产地证尽享关税优惠	南京出入境检验检疫局	50.00 元	978-7-80165-614-8	2009 年 4 月第 3 版
4. 海关进出口商品归类基础与训练	温朝柱	36.00 元	978-7-80165-496-0	2009 年 1 月第 1 版
5. 最新报关单填制实用辅导	盛新阳　彭飞	38.00 元	978-7-80165-497-7	2008 年 10 月第 1 版

彻底搞懂子系列

书名	作者	定价	书号	出版时间
1. 彻底搞懂信用证（第二版）	王腾　曹红波	35.00 元	978-7-80165-840-1	2011 年 11 月第 2 版
2. 彻底搞懂中国自由贸易区优惠	刘德标　祖月	34.00 元	978-7-80165-762-6	2010 年 8 月第 1 版
3. 彻底搞懂贸易术语	陈　岩	33.00 元	978-7-80165-719-0	2010 年 2 月第 1 版
4. 彻底搞懂海运航线	唐丽敏	25.00 元	978-7-80165-644-5	2009 年 7 月第 1 版
5. 彻底搞懂提单	张敏　赵通	29.80 元	978-7-80165-602-5	2009 年 6 月第 1 版
6. 彻底搞懂关税	孙金彦	29.00 元	978-7-80165-618-6	2009 年 6 月第 1 版

| 书名 | 作者 | 定价 | 书号 | 出版时间 |

📖 外贸英语实战子系列

书名	作者	定价	书号	出版时间
1. 十天搞定外贸函电	毅冰	38.00 元	978-7-80165-898-2	2012 年 10 月第 1 版
2. 外贸高手的口语秘籍	李凤	35.00 元	978-7-80165-838-8	2012 年 2 月第 1 版
3. 外贸英语函电实战	梁金水	25.00 元	978-7-80165-705-3	2010 年 1 月第 1 版
4. 外贸英语口语一本通	刘新法	29.00 元	978-7-80165-537-0	2008 年 8 月第 1 版

📖 外贸谈判子系列

书名	作者	定价	书号	出版时间
1. 外贸英语谈判实战	王慧 吴旻 张海军 蒋晓杰 仲颖	32.00 元	978-7-80165-767-1	2010 年 9 月第 1 版
2. 外贸谈判策略与技巧	赵立民	26.00 元	978-7-80165-645-2	2009 年 7 月第 1 版

📖 国际商务往来子系列

书名	作者	定价	书号	出版时间
国际商务礼仪大讲堂	李嘉珊	26.00 元	978-7-80165-640-7	2009 年 12 月第 1 版

📖 贸易展会子系列

书名	作者	定价	书号	出版时间
外贸参展全攻略——如何有效参加 B2B 贸易商展（第二版）	钟景松	33.00 元	978-7-80165-779-4	2010 年 10 月第 2 版

📖 区域市场开发子系列

书名	作者	定价	书号	出版时间
中东市场开发实战	刘军 沈一强	28.00 元	978-7-80165-650-6	2009 年 9 月第 1 版

📖 国际结算子系列

书名	作者	定价	书号	出版时间
1. 国际结算函电实务	周红军 阎之大	40.00 元	978-7-80165-732-9	2010 年 5 月第 1 版
2. 出口商如何保障安全收汇——L/C、D/P、D/A、O/A 精讲	庄乐梅	85.00 元	978-7-80165-491-5	2008 年 5 月第 1 版

📖 国际贸易金融工具子系列

书名	作者	定价	书号	出版时间
1. 出口信用保险——操作流程与案例	中国出口信用保险公司	35.00 元	978-7-80165-522-6	2008 年 5 月第 1 版
2. 福费廷	周红军	26.00 元	978-7-80165-451-9	2008 年 1 月第 1 版

📖 加工贸易操作子系列

书名	作者	定价	书号	出版时间
1. 加工贸易实务操作与技巧	熊斌	35.00 元	978-7-80165-809-8	2011 年 4 月第 1 版
2. 加工贸易达人速成——操作案例与技巧	陈秋霞	28.00 元	978-7-80165-891-3	2012 年 7 月第 1 版
3. 加工贸易企业关务作业统筹	熊斌	29.80 元	978-7-80165-423-6	2009 年 3 月第 1 版

书 名	作 者	定 价	书 号	出版时间
乐税子系列				
1. 外贸企业出口退（免）税常见错误解析 100 例	周朝勇	49.80 元	978-7-80165-933-0	2013 年 2 月第 1 版
2. 生产企业出口退（免）税常见错误解析 115 例	周朝勇	49.80 元	978-7-80165-901-9	2013 年 1 月第 1 版
3. 外汇核销指南	陈文培等	22.00 元	978-7-80165-824-1	2011 年 8 月第 1 版
4. 外贸企业出口退税操作手册	中国出口退税咨询网	42.00 元	978-7-80165-818-0	2011 年 5 月第 1 版
5. 生产企业免抵退税实务——经验、技巧分享	徐玉树	35.00 元	978-7-80165-780-0	2011 年 1 月第 1 版
6. 生产企业免抵退税从入门到精通	中国出口退税咨询网	98.00 元	978-7-80165-695-7	2010 年 1 月第 1 版
7. 出口涉税会计实务精要（《外贸会计实务精要》第 2 版）	龙博客工作室	32.00 元	978-7-80165-660-5	2009 年 9 月第 2 版
毅冰谈外贸子系列				
1. 毅冰私房英语书——七天秀出外贸口语	毅 冰	35.00 元	978-7-80165-965-1	2013 年 9 月第 1 版
外贸企业管理子系列				
小企业做大外贸的四项修炼	胡伟锋	26.00 元	978-7-80165-673-5	2010 年 1 月第 1 版
国际贸易金融子系列				
1. 国际贸易金融服务全程通（第二版）	郭党怀	43.00 元	978-7-80165-864-7	2012 年 1 月第 2 版
2. 国际结算与贸易融资实务	张丽君 张贝 李华根	42.00 元	978-7-80165-847-0	2011 年 12 月第 1 版

中小企业财会实务操作系列丛书

书 名	作 者	定 价	书 号	出版时间
1. 小企业会计疑难解惑 300 例	刘华 刘方周	39.80 元	978-7-80165-845-6	2012 年 1 月第 1 版
2. 做顶尖成本会计应知应会 150 问	张 胜	38.00 元	978-7-80165-819-7	2011 年 8 月第 1 版
3. 会计实务操作一本通	吴虹雁	35.00 元	978-7-80165-751-0	2010 年 8 月第 1 版

"关务通"品牌图书

书名	作者	定价	书号	出版时间

📖 关务通·原产地系列

书名	作者	定价	书号	出版时间
1.《原产地实务操作与技巧》	"关务通·原地产系列"编委会	70.00元	978-7-80165-981-1	2013年10月第1版
2.《原产地疑难解惑470例》	"关务通·原地产系列"编委会	70.00元	978-7-80165-983-5	2013年10月第1版
3.《如何从原产地淘金》	"关务通·原地产系列"编委会	90.00元	978-7-80165-982-8	2013年10月第1版

📖 关务通·监管通关系列

书名	作者	定价	书号	出版时间
1.《便捷通关一本通》	"关务通·监管通关系列"编委会	60.00元	978-7-80165-984-2	2013年10月第1版
2.《快速通关自查手册》	"关务通·监管通关系列"编委会	60.00元	978-7-80165-979-8	2013年10月第1版
3.《进出境物品通关攻略》	"关务通·监管通关系列"编委会	60.00元	978-7-80165-978-1	2013年10月第1版
4.《通关典型案例启示录》	"关务通·监管通关系列"编委会	60.00元	978-7-80165-980-4	2013年10月第1版
5.《监管通关政策实用指导手册》	"关务通·监管通关系列"编委会	78.00元	978-7-80165-907-1	2012年10月第1版
6.《通关实务操作与技巧——货物、运输工具篇》	"关务通·监管通关系列"编委会	48.00元	978-7-80165-909-5	2012年10月第1版
7.《通关实务操作与技巧——进出境物品篇》	"关务通·监管通关系列"编委会	26.00元	978-7-80165-905-7	2012年10月第1版
8.《通关疑难解惑720例》	"关务通·监管通关系列"编委会	48.00元	978-7-80165-903-3	2012年10月第1版

📖 关务通·加贸系列

书名	作者	定价	书号	出版时间
1.《加工贸易实务操作与技巧》	"关务通·加贸系列"编委会	60.00元	978-7-80165-927-9	2013年3月第1版
2.《海关特殊监管区域和保税监管场所实务操作与技巧》	"关务通·加贸系列"编委会	60.00元	978-7-80165-926-2	2013年3月第1版
3.《加工贸易疑难解惑280例》	"关务通·加贸系列"编委会	60.00元	978-7-80165-928-6	2013年3月第1版

📖 关务通·稽查系列

书名	作者	定价	书号	出版时间
《小王在海关稽查的日子——企业如何配合海关稽查》	"关务通·稽查系列"编委会	70.00元	978-7-80165-925-5	2013年3月第1版

关务通·双语系列

《国际海关新视野》	上海海关	60.00 元	978-7-80165-918-7	2012 年 12 月第 1 版

关务通·电子口岸系列

1.《电子口岸实用功能》	"关务通·电子口岸系列"编委会	32.00 元	978-7-80165-904-0	2012 年 11 月第 1 版
2.《电子口岸实务操作与技巧——通关篇》	"关务通·电子口岸系列"编委会	55.00 元	978-7-80165-906-4	2012 年 11 月第 1 版
3.《电子口岸实务操作与技巧——加贸篇》	"关务通·电子口岸系列"编委会	55.00 元	978-7-80165-908-8	2012 年 11 月第 1 版
4.《电子口岸疑难解惑 400 例》	"关务通·电子口岸系列"编委会	38.00 元	978-7-80165-910-1	2012 年 11 月第 1 版

待出系列与书目

关务通·加贸系列

1.《<中华人民共和国审定内销保税货物完税价格办法>实用指导手册》　　"关务通·加贸系列"编委会
2.《加工贸易政策实用指导手册》　　"关务通·加贸系列"编委会
3.《加工贸易典型案例启示录》　　"关务通·加贸系列"编委会

以上图书均可在中国海关出版社网上书店（www.hgcbs.com.cn）、当当网、卓越网、京东网及各地新华书店等处购买。若有其他购书意向，请与本社发行部联系，联系电话:(010)65195616/5127/4221/4238/4246。

若想了解更多书讯，可关注中国海关出版社官方微信平台，微信号：hgbook。